幕内秀夫
鈴木公子
清水修

給食のちから

完全米飯給食が
子どもの健康を
守る

風濤社

給食のちから

＊完全米飯給食が子どもの健康を守る＊

目次

第2部 子どもの歯を守る

第3部 だから、いまこそ完全米飯給食

幕内秀夫

はじめに

今年の冬、山形県鶴岡市へ学校給食に関する講演会に行ったときのことです。考えてみれば鶴岡市は学校給食発祥の地ではないかと思い出したので、雪の中、タクシーに乗って大督寺を訪ねました。私は車を降りると足早に雪の積もる境内を横切り、記念碑を拝んで参りました。

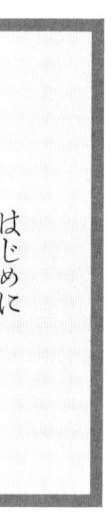

法律の話を持ち出せば、ちょうど今から50年前の昭和29年に「学校給食法」ができて学校給食は始まりましたから、それ以前は「学校給食」と呼べるのかどうかわかりません。ただ、学校において子どもたちに食事がだされたのは明治22年のことでした。

鶴岡市の家中新町の大督寺境内にあった私立忠愛小学校のお坊さんが、お経を唱えながら一軒一軒家を回り、お米やお金を恵んでもらい、弁当を持ってこられない子どもたちのために昼食を作りました。それが日本の学校給食の始まりと言われています。まさに、学校給食は欠食児童対策から始まりました。私が子ども時代に食べたコッペパンと脱脂粉乳も同じ目的のもとで与えられていたものです。

翻って現在、日本の〝豊かな食料事情〟を考えると、学校給食の当初の目的は終わりました。実際に、和歌山県では学校給食を終了した地域もあります。しかし、ほとんどの地域ではそのまま継続されることになりました。その継続する意味は、学校給食を「正しい食習慣を身につける」、食教育の場にすることにあるはずです。

今日の日本は、食事情が豊かになったはずなのに、アトピーの子どもが増え、乳ガンの低年齢化に若い母親は怯え、父親は糖尿病を気にするという有様です。脅すつもりはありませんが、食習慣が主な原因と考えられる生活習慣病は確実に増えています。農業問題も深刻です。このままでいけば、米の生産調整はもっと拡大されることになります。食料自給率ももっと低下することになるでしょう。

こうした問題の解決策の一つとして私が考え、実行しているのが「給食を変えること」です。本来、食習慣は家庭で身に付けるものですが、いつも忙しく共働きも多い現代においては、良い食事がどういうものか頭でわかっていても、実践することは難しいのが現実です。その点、給食は家庭の食事と違い教育の一環として与えられるものですから、学校給食で子どもたちにご飯を食べさせ、日本の伝統食の味をしっかり覚えさせる教育をすべきです。そうすれば、生活習慣病は改善されていくと私は信じています。

学校給食の子どもたちへの影響力はそんなに強いのか、と疑問に思われる方も多いでしょう。そういう方は、50年前にはパンを食べたことのなかった日本人が、学校給食でパンを強制的に与えられた為にすっかりパン好きになったことを思い出してください。学校給食には一国の食習慣を変えるだけの力があるのです。

私は、山形の学校給食発祥の地を訪ねた帰り道、雪の中を一人歩きながら考えました。いまの日本で、「食の教育」という新たな役割を果たしている学校給食がどれ位あるだろうかと。現在、毎日ご飯を食べる完全米飯給食を実施している学校は全国に約１４００校。全体の約４・４％に過ぎません。私は、彼の地で初心に返り、改めて１００％をめざして「頑張らなければ」と心に誓ったのでした。

この私の熱い気持ちが一人でも多くの読者の皆さんに伝わり、各地で完全米飯給食が導入され、結果として近い将来、日本に暮す人々が健康になればいいと心から願っています。

幕内秀夫

第1部

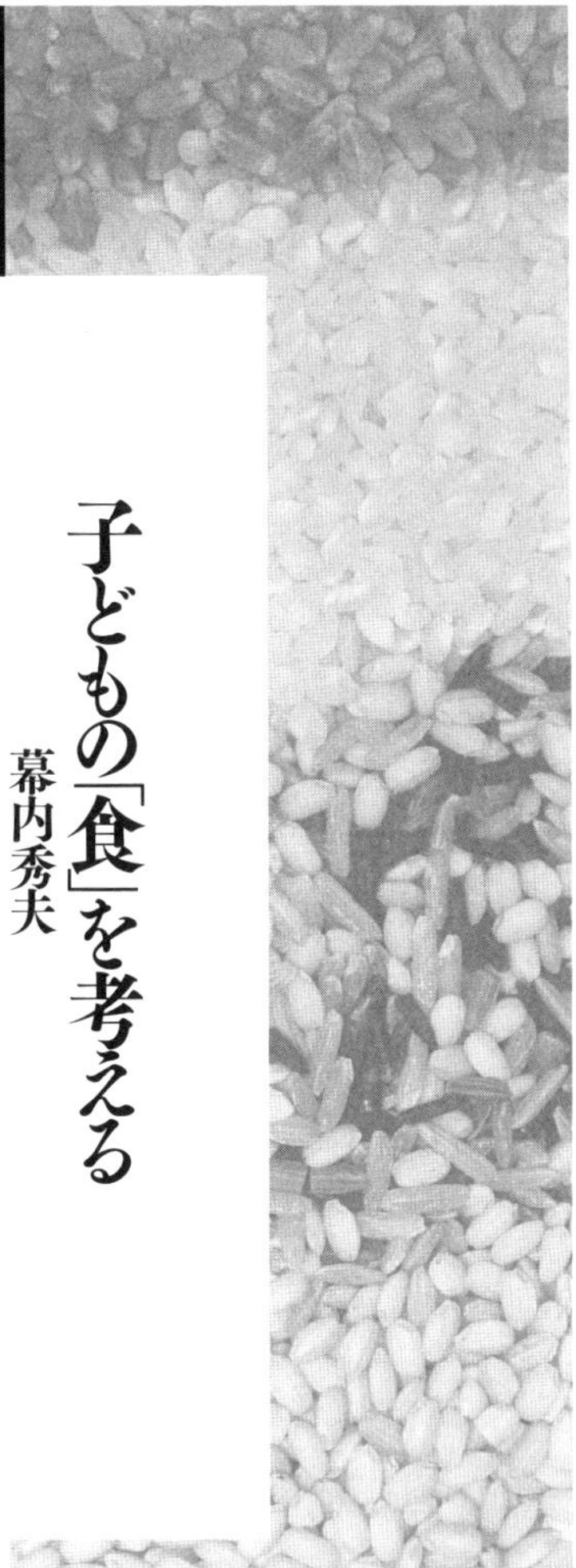

子どもの「食」を考える

幕内秀夫

この50年を問わずに
「食育」も「地産地消」もありません。

1 日本の食事は50年でこんなに変わった

何が変わったのか？

この数年、私は「食育」と「地産地消」という二つのテーマで全国各地から講演に呼ばれることが多くなりました。「食育」をテーマにするのは、教育委員会や小・中学校、それに幼稚園や保育園などです。子どもたちへの食の教育が大切だという考え方には私も大賛成です。「地産地消」をテーマにするのは農業団体に加えて県や市の農政課などです。地元でとれた農産物を地元で食べようという考え方ですが、私はこの考え方にも大賛成です。

ところが、東京に住んでいる私を遠く離れた地元に呼んで、わざわざ開く講演会の9割は行事潰しに過ぎないのが実情です。年間100回の講演会のうち90回が、本質的な話はほとんどすることなく、「食育は大切です」「これからは地産地消の時代です」とスローガンを合唱するだけの会になっています。こうした現実を目の当たりにしてきた私は、「食育」と「地産地消」という言葉を使う人は信じられなくなってしまいました。

「食育」と「地産地消」に本気で取り組みたい人は、まず、日本の食事が過去50年でどのように変わったのかを勉強し直す必要があります。この50年間に日本の食卓に何が起こったのか？　何が変わったのか？　を知らないで「食育が大切だ」などと言うのは意味がありません。

本書を手に取られた方には、ぜひ日本の食の過去50年における急激な変化について知っていただきたいし、これから誰でも死ぬまで食べ物とは切っても切れない縁があるのですから、知っておいたほうが身のためでもあります。

では、この50年で日本の「食」は何が変わったのでしょうか？

「肉が増えた」「添加物が増えた」など、いろんなことを言う人がいますが、もっとも変わったのは、お米のご飯を食べなくなったことなのです。★

私は日本の歴史の中で一番ご飯を食べた人は誰か？　と素朴な疑問をもったことがあり、様々な資料で調べたことがあります。その結果、昭和10年代、滋賀県の農村地域では1日にお茶碗で17杯もご飯を食べていた人がいるのです。あの頃は、現代人に比べてもう少し日常的に体を使っていましたが、それにしても17杯も食べていた事実に驚きます。

宮澤賢治が作った有名な詩「雨ニモマケズ」にも、あの有名なフレーズ「雨ニモマケズ

風ニモマケズ　雪ニモ夏ノ暑サニモマケヌ……(略)」の後に「一日ニ玄米四合ト　味噌ト少シノ野菜ヲタベ……(後略)」と書かれているのはご存知でしょうか。この詩は昭和6年(1931)に作られたといわれているもので、〝粗食〟のお手本のように引用されていますが、1日に4合の玄米を食べて生きていこうと言っているのです。

さて、翻って現代人のご飯事情はどうでしょうか。昨日、何杯のご飯を食べたか思い出してみてください。まず、17杯という人はいないでしょうし、多い人でもお茶碗に数杯食べた程度ではないでしょうか。

食べることが精一杯であった昔の人に比べて、現代人は健康志向ですから、食べ物に気を使った結果として、ご飯を食べる量が減ってきました。それなのに糖尿病は増えていま

★「コメ消費が9ヶ月連続で前年割れ　4月、平均4・9キロ」

(2004年6月15日付　朝日新聞)

農水省が15日公表した4月の国民1人あたりのコメ消費量は、前年同月を2・4%下回る4・91キロだった。前年割れは9ヶ月連続。03年度は、1人が1年間に消費するコメが初めて1俵(60キロ)を割り込んだが、新年度はさらにそれを下回るスタートとなった。コメ離れが止まらない理由を、農水省は「手軽なパン食やめん類を多く食べる家庭が増えた」と分析している。

コメ消費量が、最後に前年同月を上回ったのは昨年7月。不作で値上がりが予想されたため、「値上がりする前に買い込んでおこうという消費者が多かった」(農水省総合食料局食糧部)という。

調査は毎月、コメの生産世帯1690戸と一般の消費世帯6650戸を対象に、家庭や外食で食べた量を聞き取る。

す。現代に暮す人々が、少食になったわけではないことが病気の増加からわかります。日本人の食事が豊かになり、日本人が健康になったと思っている人はよほどノンキな人だと言っても言い過ぎではありません。私が20年前に食生活の講演会を「健康と食生活」というテーマでひらいたら、景品でも付けなければ人が来なかったでしょう。いま、これだけ全国各地に講演に呼ばれ、いつも人が集まるということは、現代の食について「おかしいな」と思っている方が多い証拠です。

それでは、なぜ長い間続いてきた日本伝統の食文化は、50年や100年で急激に変わってしまったのでしょうか。フランスの人たちはおそらく200年前も昨日もパンを食べているでしょう。イタリア人は300年前と変わらず今日もパスタを食べているでしょう。中国人は、1000年前もご飯を食べて昨日もご飯を食べているでしょう。

それなのに、50年足らずで、日本の食卓はがらりと変わってしまいました。これほど食事を急激に変えた国はほかにありません。なぜこんなに簡単に変わったのか、それにはカラクリがあるのです。

昭和53年（1978）に放映されたNHKスペシャル『食卓のかげの星条旗〜米と麦の戦後史〜』が、そのカラクリをわかりやすくまとめていますので、参考にしながら、かい摘んで説明しましょう。

ちょうど50年前の昭和29年（1954）頃の話です。アメリカはアイゼンハワー大統領の時代ですが、アメリカ政府は豊作続きの小麦の行方に頭を痛めていました。貯蔵しておくにも、政府は年間2億ドルの倉庫代を支払わなければならず、就任したばかりのアイゼンハワー大統領は、まず余剰小麦の問題に取り組みました。どこかであまった小麦を処分したかったのです。そこでアメリカ政府が考えたのが、東南アジアにアメリカの小麦を売り込むことでした。

昭和29年1月、大統領は余剰農産物処理法を国会に提出して、アメリカ政府小麦連合会、全米製粉協会などの役員クラスを海外に派遣しました。日本に派遣されたメンバーは、輸入小麦の取引に権限をもつ日本の食糧庁に接近しました。

ただ、あまっている小麦があるから買ってくれと交渉しても、受け入れには限度があります。そこで、アメリカが目をつけたのが日本の学校給食だったのです。

当時、パン給食の普及をうながす「学校給食法」が制定されたにも関わらず、日本の学校給食は都市部に限られていました。そこで、農山村にも学校給食を普及させようという日本の文部省のキャンペーンにアメリカ小麦連合会が協力したのです。それが昭和32年のことです。

当時の文部省は、パン給食を全国に普及させて栄養不足の子どもたちを救いたいと考えていました。でも、これまでの経緯からわかるように、アメリカは子どもたちの健康を考えてはいません。アメリカ国内であまった小麦粉の倉庫代を節約するために、日本にパン給食を普及させたかったのは明らかです。

その後、キャンペーンは日本全国で大規模に展開する一方、お米は良くないといったパンフレットが盛んに配られるようになりました。アメリカが日本の食事を見事に変えてしまったのです。これは世界にもほかに類がないことでしょう。

私がたとえば、農協から「イタリア人がみんなご飯を食べるように何とかしてくれ」と頼まれて、イタリアに乗り込んだとしても、50年でイタリア人の食卓からパスタを放逐させてご飯にすることは無理だと思います。

当時のアメリカ政府が日本の学校給食に目をつけたのは〝見事〟でした。現在20代から50代の人々は平均でも7割から8割、若い世代ならば9割以上が小さい頃から給食を食べてきたわけですから、「日本人にパンを慣れさせる」効果は絶大です。

こうした過去50年の〝パン化の歴史〟を振り返ると、やはり「学校給食を変えずして食生活は変えられない」という考えに至り、私たちは「学校給食と子どもの健康を考える会」を組織して運動を始めたのです。

「常識派」があぶない

日本人の食生活の関心度は、ほぼ三つのレベルわかれます。きちんと統計をとったわけではありませんが、全国各地で講演会に集まってくださる方々に実際に聞いてみると、きちんとわかれるので、的外れではないはずです。その三つのレベルとはこういうものです。

・マニア
・常識派
・みのもんた症候群

誰でもこの三つのどれかに当てはまるのではないでしょうか。「マニア」の人は、私の講演会のときに前列2列目位までに座っている方々です。さらにマニアの中にもいくつかパターンがあり、もっとも多いタイプは、無農薬・無添加のためなら借金も辞さない人です。あるいは、玄米を食べ続けるためには離婚も辞さないと言い出す人もいるかも知れません。健康のためなら死んでもいいというような意気込みを感じます。

地域別の傾向としては、東京、神奈川、大阪、兵庫などの都市部にマニアは多い傾向があります。

「みのもんた症候群」は、30年前の紅茶キノコから始まり、アロエからコンフリー★……。赤ワインのポリフェノールが健康にいいと言っていたかと思えば、去年、一昨年あたりは緑茶の粉末をご飯に掛けて食べている方々のことです。ここ数年はカスピ海ヨーグルトがいいと〝ブルガリア人〟になってしまった人々も同様です。世の中に急にブルガリア人が増えたことは多くの人がご存知でしょうが、何でこんなにブルガリア人が日本に増えたのでしょうか。

残りの「常識派」は、日本人の中では1番多くて約6割の人が当てはまります。ところが、この常識派が危ないのです。

不思議に思われるかもしれませんが、「常識」が正しかったらこれほど糖尿病は増えていません。現状では6割を占める「常識派」は、このままでは確実に病気になります。

現代の常識派の人は、少しのご飯に、なるべくおかずを沢山食べて、1日30品目をめざして食事をする方々です。どうしても足りないときは、七味唐辛子を掛けて7品目をクリアするという冗談が笑えない人々でもあります。毎日、骨粗しょう症予防に牛乳を1本飲んでいる人も同じです。

このような常識派は確実に病気になります。ほかにも、〝常識〟が正しければ、これほど子どもにアトピーが増えるわけがありません。

なぜこうなってしまったのでしょうか？　それは過去50年を問わないからです。だから、テレビや雑誌から流れてくる多くの無責任な情報に振りまわされ、誰が言ったのか確かめもしないで「1日30品目」を信じるのです。そして、いよいよ病気になり病院に行っても食事の指導を受けようとしないのです。こうして、保健所の栄養士を誰も頼りにしてないという現況に至ります。日本人の大半は、みのもんたの双肩に命を預けて……、と言ったら言い過ぎでしょうか。

★「コンフリーで健康被害の恐れ　厚労省が販売自粛要請」
（2004年6月15日付　朝日新聞）

健康食品の原料に使われている野草・コンフリーが原因と見られる肝障害が海外で報告されたことから、厚生労働省は14日、コンフリーを含んだ食品の製造や販売を自粛するよう業者などに通知した。消費者に対しても摂取しないよう呼びかけている。

コンフリーは欧州や西アジアが原産の野草。芽や葉をゆでて食べられるほか、粒や粉末に加工され、健康食品としてインターネット上で販売されている。

今回の通知は、食品安全委員会の専門調査会が同日、「健康被害が生じる恐れがある」との意見を出したことを受けた。

現在の食生活の「常識」

では、この「常識」は何時できたのかを考えてみましょう。そもそも、食事の知恵というものは、その土地の先人から代々伝えられるものであり、その土地に生きる人々が抱えているものです。海村には海の、山村には山の食事の知恵がありました。それがどんどん薄っぺらい常識に置き換わり、大切な知恵はないがしろにされてきました。

長い歴史の中から培われた食文化が崩壊し始めたのは、昭和30年以降、ちょうど私が昭和28年生まれで51歳なのですが、半世紀前のことです。まさに私が赤ちゃんのときから食事の状況は変わり、新たな常識が育まれてきたのです。その〝犯人〟の中には栄養士として関わった人がいることを、私も1人の栄養士として認めない訳にはいきません。彼らが口を揃えて唱えた教えがありました。

「ご飯を残してもいいからおかずを食べなさい」

当時、この文句を知らない日本人はいなかったでしょう。今でも伝わっているくらいですから。ほかにも、「たんぱく質が足りない」「カルシウムが不足している」「塩分が多すぎる」などなど。こういう「常識」が昭和30年以降、次々でてきたのです。

では、これらの教えに根拠はあるのでしょうか？　よく見るとこれはすべて、欧米の食生活を理想とした発想に過ぎないということがわかります。私が大学で勉強した栄養学は、ドイツから学んだ栄養学でした。ハムやチーズを山ほど食べている国が理想とした栄養教育だったのです。これは医学も同じです。

欧米の人は、少しのパンに沢山のおかずを食べます。そういう国と比べれば日本の食事は、たんぱく質もカルシウムも少なかったでしょう。しかし、本当に少ないことは悪いのか、ということは考えずに、とにかく当時は欧米がすべて理想ですから、盲目的に欧米に倣って食の〝改善〟運動が始まったのです。

日本のようにご飯ばかり食べる国は貧しいと多くの人が思い込んでいたのです。21世紀になった現在でも、この常識がまかり通っています。

ご飯が減って輸入小麦粉が増えた

ご飯を食べなくなった日本人は、何を食べるようになったのでしょうか。こう聞くと「肉を食べるようなった」と答える人がけっこういます。でも、もっとも増えたのは肉ではなく輸入小麦なのです。現代の日本人の肉の消費量は、昔から見ればやや増えているだけ

＊日本人が日常的に食べる輸入小麦を使った食品。
で、極端に増えたのは輸入小麦です。

輸入小麦というとわかりにくいかも知れないので言い換えると、パン、お菓子類、スパゲッティ、たこ焼き、ラーメン、スナック菓子……。ダントツで増えた輸入小麦粉に次いで日本人が食べるようになったものは、砂糖と油脂です。

砂糖と油脂は、子どもの本能がだまされてしまう食べ物だということだけここでは書いておきます。たとえば、ピーマンが嫌いな子どもにマヨネーズをつけて与えたら食べませんか？　お腹がいっぱいのはずの子どもでも、砂糖をたっぷり使ったデザートを目の前にしたら満面の笑みを浮かべてパクつくはずです。かつては考えられなかった子どもの肥満などは、この砂糖と油脂のとり過ぎが原因です。

砂糖と油脂についてはまた後ほど詳しく述べますが、いずれにしろ、これだけ短期間に食事が変わった国はほかにない、とても珍しい国に私たちは暮らしていることを自覚してください。

トウモロコシ民族になった日本人

「日本人は米を食べる民族」「日本人は米食民族」などと、小学校の教科書にいまでもウソが書いてありますが、とっくの昔にそうではなくなっているのです。

平成14年のデータを見ると、米の生産量は999万トンに生産調整されています。お米はもっととれるのに農家に作らせないのです。足りない分は、小麦粉562万トン、トウモロコシ1628万トンを輸入して補っているのが、いまの日本です。

＊トウモロコシの輸入量は米の生産量を上回る。

トウモロコシが悪いと言っているのではありません。朝から茹でたトウモロコシをかじっているならまだマシですが、そうではなくフレーク状の「家畜の餌」として増えたので問題なのです。

日本人は、食べ慣れない肉を食べ、牛乳をせっせと飲み、トウモロコシを大量に輸入してアフリカの人の餓えをつくっているのです。

イラクやイランのように砂漠に近い環境の国ならば外国から食料を買わざるを得ないでしょうが、日本は世界一気候の豊かなところです。米も水も野菜もお腹いっぱい食べられて、魚もとれる国なのに、大量の食糧を輸入して食べている有様です。

このような状況ですから、現代の日本人は「米の民族」ではなく、「トウモロコシ民族」と呼びたくなるほどです。

その呼び方はともかく、食の急激な変化は現在、子どものアトピー、食品の安全性、食文化の崩壊、そして食料自給率の著しい低下など、いろいろな問題を招いています。その現実から目をそらすのはもう止めにしましょう。

先進国で最低の食料自給率

日本の食料自給率は、世界の先進国の中で最低の40％と異常に低くなっています。日本は世界の中でもっとも自然が豊かで水もきれいな国の一つなのに不思議でなりません。

私は去年、糸魚川から松本まで続く「塩の道」を、20年ぶりに120キロ歩きました。その途中で、夜に山に着いて下りられなくなり（寄る年波には勝てません）、水筒の水がなくなってしまいました。民家もないところなので、大丈夫だろうと思い私は田んぼの水を飲みました。段々の田んぼだったせいもあるのでしょうが、これが実においしい水だったのです。

田んぼの水が「おいしいなあ!」と思える国がほかにあるでしょうか。これほどきれいな水が豊富にあるのに、低い食料自給率で甘んじているのが日本なのです。

「米の民族」でなくなってからは、都市部の水質の悪化が顕著になってきました。私が子どもだった40年ほど前は、ご飯、味噌汁、納豆を食べて、食器を洗うのに石鹸や洗剤をつけて洗う人は1人もいませんでした。たわしと水で十分だったからです。

ところが今では、食器の油汚れが水だけでは落ち難いので、みんな洗剤を使い、その汚水を川や海に垂れ流しています。それはイケナイことだと言って、石鹸問題に取り組んでいる人がいますが、食事を変えなければ減るわけがないことに気付いていないことが多いようです。

合成洗剤の生産量はこの30年で100倍になりました。それだけ増えれば川や海が汚れるのは当たり前です。日本の「食」の急激な変化に伴い、様々なところで噴出している問題をまとめるとこのようになります。

•健康—糖尿病の可能性を否定できない人は1620万人、アトピーの急増。
•農業—米の生産調整37・5%、食料自給率40%。
•環境—合成洗剤の生産量30年で100倍。

・食品の安全性―ポストハーベスト農薬、食品添加物、遺伝子組換え食品、BSE。
・食文化―崩壊、知恵の喪失。

狂牛病で牛丼の吉野家から牛丼が消えたということがニュースになっていましたが、これも輸入型の食生活になったから出てきた問題です。将来も相変わらず食糧を輸入して、海の向こうで作ったものばかり食べていたら、牛丼をめぐる騒ぎでは収まらないでしょう。また、必ず別のかたちで問題が生じてくるはずです。

今、先進国で進行している乳ガンの低年齢化についてご存知でしょうか？　もちろん日本の女性も例外ではありません。

乳ガン患者の低年齢化

ガンになる年齢には傾向があります。わかりやすい前立腺ガンを例にしますと、私が会う患者さんは平均して70歳前後がもっとも多くなっています。私は、長年にわたりガン患者が多く訪れる帯津三敬病院（埼玉県川越市）で食事指導を続けていますが、20代や30代の前立腺ガンの患者さんは会ったことも、聞いたこともありません。

このような事実を見れば、「ガンはなぜ増えたのか？」という問いに、「日本人は長生きするようになったから」という答えが正解になります。平均寿命が短かければ、ガンにならずに済んだという捉え方です。実際、胃ガンも、肺ガンも、直腸ガン、卵巣ガン、子宮ガン、どれも20歳より40歳、40歳より60歳の患者さんのほうが多くなっています。

ところが、その中で、年齢に逆らっている、長生きしたから仕方なかったでは済まなくなっているのが乳ガンなのです。

私が会った患者さんの中には20代の女性も珍しくありません。乳ガンの話題になれば、「あそこのおばあちゃんが……」ではなく、「あそこのお嫁さんが……」なのです。乳ガンの話は小学校や幼稚園に通うお子さんがいるお母さんから始まっているのです。

どう対処すれば予防できるのでしょうか？　病気の原因は運動不足、ストレス、食習慣などいろいろなものが絡み合っていますから、答えは一つとは限りません。ましてや、どんな病気でも食事だけではすべてを語ることはできません。

しかしながら、私がたくさんのガンの患者さんをみてきて、乳ガンの患者さんだけは食事の影響が非常に大きいと言うことができます。前立腺ガンなどほかのガン患者さんの食事をみていると、実感として食習慣が原因というよりも、やはり歳をとったからだろうなと思うことのほうが多いのです。

ところが、乳ガンの患者さんは8割の方が同じ食事をしていることに驚かされます。何度も同じメニューを繰り返し聞いている私は、その内容を覚えてさらさらと絵に描けるほどです。乳ガンの患者さんの食事は、わかりやすく言い換えるとこのように表現できます。

•朝は、フランス人かブルガリア人。
•昼は、半分ぐらいはイタリア人。
•夜になってはじめて、日本人か中国人。

おわかりになると思いますが、補足しますと、朝はパンにバター、ヨーグルト中心の食事です。昼はサンドイッチかパスタとサラダ。夜は炒め物とご飯を食べている人が多いということです。ご飯は1日に1回の人が多いのです。乳ガンの患者さんは見事にこのパターンに当てはまるのです。

また、乳ガンがどこの都道府県に多いかは、はっきり統計の結果がでていますのでここで示しておきます。上位の地域にお住まいの方は特に気をつけてください。

1位　東京都
2位　神奈川県
3位　大阪府

4位　千葉県、北海道
6位　福岡県
7位　埼玉県
8位　京都府、愛知県

上位の地域は、人口が多いから当然ではないかと思ったら大間違いです。この順位は、人口に対する乳ガンの患者さんの比率を高い地域から並べたものです。一方、少ないのは、岡山、香川、高知、島根といったところです。

乳ガン患者のもっとも多い年齢は45歳です。日本では30人に1人という高い割合で患者さんがいますが、アメリカはもっと悪くて8人に1人です。国立がんセンターの予測ではもっと増えると指摘していますが、これは私の見解とも一致しています。

乳ガンの低年齢化について私は、経験から食事の原因が大きいとみていて、突き詰めればご飯不足と朝のパン中心の食事が原因だと睨んでいます。もし正しければ、いま20代の人はもうすでに、生まれたときからあまりご飯を食べずにパン食になっているので、乳ガンの低年齢化も進んでいくに違いありません。30代にピークがくるのは目前といってもいいでしょう。

食事を変えよう

ご自分の乳ガンが気になる年代の若いお母さんたちは、同時にお子さんのアトピーの問題も抱える人が増えています。アトピーというのは、薬でも治るし、注射でも治るケースがありますが、やはり食事を含めた生活を見直す必要があると思います。

アトピーの子どもを育てたお母さんの中には、子どもがアトピーになったがゆえに、その後に素晴らしい人生を歩んでいる人はたくさんいるからです。薬や治療だけで治ったら、子どもの病気から何も学べませんが、そのときに真剣に食事に取り組めば、子どもと一緒に自分も大きく変われるチャンスなのです。

しかし、これだけ自分や家族の体調が悪くなり、改善に向けて食習慣を見直さなければいけないと思う人が増えてきていると言われているのに、日本の食事はそれほど変わっていません。「糖尿病患者が1千万人を突破した」と言われても変わる様子はありません。

私は、日本の食事を変えるのは乳ガンだと思っています。乳ガンの患者数のピークが30代になってしまっては手遅れです。もちろん、どの年代がピークになっても良いということはありませんが、たとえば80歳を過ぎた胃ガンの患者さんの食事相談にのるときに、本心は「もうあとわずかだから好きなものを食べたほうが長生きするんじゃないか」と思うこともあります。

でも、若い世代ではそうもいきません。ですから、20代、30代で乳ガンになる人が30人に1人もいる状態は絶対に避けるために、食事を変えなければいけません。

まず、はじめの一歩として、乳ガンの患者さんの朝食は8割がパン食ですから、まずパン食をご飯に変えればいいのです。実に簡単なことなのですが、これがなかなか大人になってしまうと食の習慣が変わりません。

私は20年来、年代も性別も問わずにパンを食べるのを止めて、「昔から日本人が食べ慣れてきたご飯をもっと食べましょう」と言い続けてきました。『粗食のすすめ』も多くの方に読んでいただき、これで日本の食事が少しは変わるかと思ったのが甘かったようです。大人の食事を変えようといくら訴えても空しいことの繰り返しでした。

「おそらく、一つの内閣を変えるよりも、一つの家のみそ汁の作り方を変えることの方が、ずっとむつかしいにちがいない」と書いたのは『暮しの手帖』の発行人兼編集長だった花森安治ですが、まったくその通りです。

習慣となり、日々の暮らしは止まることなく続くもので、結婚当初は妻の味噌汁に首をかしげていた夫も、毎日食べていれば味に慣れてきます。長年連れ添ううちに、いつしか各家庭の味が生まれて、なんとなく続いていくのが家の食事でしょう。だから食生活をドラスティックに変えるのは非常に難しいことなのです。

それでも、アトピーの子どもが増えるとともに悩む親も増えている現実から目をそらすことはできません。さらに若い母親には乳ガンに、父親は糖尿病に……。脅すつもりはありませんが、確実に増えているのが現実なのです。どうすればいいのでしょうか?

解決策の一つとして私が考え、そして実行しているのが「給食を変えること」でした。給食は、家庭の食事と違って教育の一環として子どもたちに与えられるものです。「学校給食法」という法律のもとで子どもたちに与えられる食事が学校給食です。

1週間の食事は、1日3食とすれば21食、そのうち給食はわずか5食に過ぎません。しかし、学校給食は子どもの大切な成長期の少なくとも6年間、保育園や幼稚園から食べる子どもは10年以上、ほぼ毎日口にするものです。

だからこそ、この週5回の給食をないがしろにしないで、子どもたちにご飯を食べさせ、日本の伝統食の味をしっかり覚えさせる教育をすべきなのです。そうすれば、生活習慣病は改善されていくと私は信じています。

この50年、ご飯を食べなくなった日本人。
生活習慣病は増え、食糧自給率は減りました。
このままでいいのでしょうか?
明日を担う子どもの健康を考えれば、
給食から食習慣を変えていく必要があります。

子どもは「何」を「どれだけ」
食べればいいか知っています。

2　子どもは知っている

子どもは健康である

学校給食を考えるときに、もっとも大事なことは何でしょうか？　それは子どもの健康です。よく地方に行きますと、「学校給食を楽しみましょう！」と平気で言う人に出会いますが、これは正しくありません。

各家庭で何を食べても自由ですが、学校給食には先ほども触れた「学校給食法」という法律があるのです。第二条には「学校給食については、義務教育諸学校における教育の目的を実現するために、次の各号に掲げる目標の達成に努めなければならない」と書かれ、以下の四つの目標が掲げられています。

1　日常生活における食事について、正しい理解と望ましい習慣を養うこと。

2　学校生活を豊かにし、明るい社交性を養うこと。

3　食生活の合理化、栄養の改善及び健康の増進を図ること。

４　食糧の生産、配分及び消費について、正しい理解に導くこと。

これらの目標の達成に努めるのが最優先であり、学校給食で楽しみを第一義にしたら法律違反になります。上記の目標は結局のところ、学校給食は子どもの健康を一番大切に考えろ、ということだと解釈できます。

では、〝子どもの健康〟を考えるときには何が大事なのでしょうか？　この根本的な問題を抜きにして学校給食の話を始めることはできません。子どものことを知らないで、子どもの健康を語ることはできないからです。

まず、子どもは健康であるということを周りの大人が知ることからすべての理解は始まります。このはじめの一歩を誤っては、どんなに頑張ってもあさっての方向へ進んでしまいますから気をつけてください。

よく栄養学を勉強された方やお母さんのなかに、子どもの食事で「困った、困った」と言っている方がいますが、当の子どもはまったく困っていなかったりします。もともと子どもは非常に健康であることを確認しておきましょう。

「健康」というのは食事だけでは語れないものですから、運動など様々な要素について考えなければ不十分です。

子どもの運動についての特徴として身近な例は、子どもはじっと長い時間座っていられずに動きまわることがあげられます。「静かにしなさい」と怒るお母さんがいますが、座ったきりのほうが変だと思いませんか。

子どもは自分が動物だということを忘れていません。「動物」というのは、「うごくもの」と書きます。だから2時間も続く私の講演会は親子連れが多いのですが、わーわー騒いで落ち着きがない子どものほうが健康で、一番前の席で腕を組んでじーっと私の話を聴いている子どもがいたら不気味です。実際にはそのような子どもは見たことがありませんが……。

一方、大人たちはどうでしょうか。大人は2時間位なら席にじーっと座っていられます。その先はどうなるのでしょうか？　お行儀がいいと誰かに褒められるわけではなく、限りなく寝たきりの状態に近づいているということを示しているのです。

私の中学2年の娘は、もう夜に寝たときと朝起きたときで頭と足が逆になっていることはなくなりました。ですが、4、5歳の頃までは足と頭が逆になっていることがしょっちゅうでした。小さい子どもと一緒に寝れば、子どもが寝返りを打って蹴飛ばされたことのあるお父さん、お母さんは少なくないはずです。試しに、今晩寝るときに頭のところに印をつけてみてください。あながた大人なら、明日の朝に起きたときにほとんど動いていないことがよくわかりますから。

私は毎朝1時間30分歩くことを日課にしていますが、周りを見ても歩いている子どもはいません。みんな、私より高齢な人ばかりで、だいたい70歳位が多いでしょうか。子どもは健全だから、健康のためにわざわざ運動をしません。健康のために運動しているのは人間の大人だけです。

小学校の頃を思い出してみると、「廊下を走るな！」と貼ってありましたが、よく考えてみるとおかしなことがわかります。これは逆に「教員もたまには走れ！」と書き換えたほうがいいのではないかと、私は貼り紙を見るたびに思います。

子どもは言わなくてもいつも走っていますから、道路で走っていて危ないというのも事実です。でも、それは動物だからしょうがない部分でもあり気をつけなければいけませんが、人間は動物であるという視点で見れば子どもは健康と言えるのです。

子どもは体でものを食べる

では、子どもが健康であるということを食事の面でみていきましょう。まず、子どもは何をどれだけ食べたらいいか知っています。たとえば、子どもの目の前に麦茶とビールを置いたらどちらを選ぶと思いますか？　3歳の子どもは絶対にビールを選びません。50歳の私はもう半分体がおかしくなってきているのでビールを選んでしまいます。こんな簡単な実験からでも、子どもは何を食べたらいいか知っているということがわかります。

子どもが自分の食べる量がわかるのには理由があります。答えは日常にひそんでいます。たとえば小さなお子さんがいる親は、今日の朝、昨日の夕飯を思い出せばおのずと答えが導かれてくるでしょう。

あなたの子どもは茶碗にご飯を残していませんでしたか？　お母さんは〝お行儀がいい〟ので残しませんが、子どもは残しているはずです。これが健康な子どもとそうでない大人の違いです。

子どもは、適量がわかるから途中で食べるのを止めたのです。残したのではなく、止めたというのが正確です。子どもは、ご飯を食べていて途中でお腹がいっぱいになったら食べるのを止めてしまいます。お腹がいっぱいになればお代りをしません。

「なんだろうこの子は？」と思うでしょうけれど、むしろ、何だろうというのは、お母さんのほうです。朝から晩まで働いても、1日中ごろごろして過ごしても、毎日同じ量を食べるほうが不思議だとは思いませんか？　子どもはご飯をお腹いっぱい食べたら、もうデザートを食べません。

一方のお母さんは、ご飯をお腹いっぱい食べても饅頭を食べますから立派なものです。その後に別のケーキが出てきたら、また食べる！　子どもの食事のことでお母さん方が叱れないのも無理はありません。「ケーキは別腹よね」なんていう子どもはいないのです。

・子どもは満腹になったらやめる度胸がある。
・お父さんは出されたものを全部食べて糖尿病。
・お母さんは作ったものを全部食べる！

少し考えてみれば、お母さんが作ったおかずの量が家族が食べる本当の適量ではない、ということは誰でもわかります。おそらく、作った鍋の何分の一かが適量なのでしょう。その逆もあるかも知れません。いずれにしろ、子どもはお腹がいっぱいになれば残しますし、お腹がすいていればお代りを欲しがる動物なのです。

私の著書に『粗食のすすめ』という本があることは前にも少し触れました。その表紙には、きちんと器にもった食事が載っていますが、『粗食のすすめ　子どもレシピ』という子育てをする親のために書いた本の表紙は、器をほとんど意識させない写真を使いました。これは、きちんと意図があり、子どもは胃袋で食べるということを示しているのです。

　子どもは舌で食事を味わいながら食べているわけではなく、とにかく成長するために必要だから食べている部分が大きいのです。

　それなのに、お母さんが朝から与えなくてもいいものを手間隙かけて子どもに作ってあげています。お弁当を作るときに、ウィンナーに足をつけてタコにして、穴を二つあけて目玉にして、もっと暇な人は、ソーメンで鉢巻をしたりしてしまう。子どもは見ないでパクっと食べてしまうのに……。

　その証拠に、子どもは主食も副食も同じ器に盛られても食欲は落ちません。その典型がお子様ランチです。１歳前後のお子さんだったら、同じ食事をバケツに入れても食欲は変わらないということは試してみればわかります。

　一方、我々大人は面倒くさい生き物で、器を楽しみ、薬味をつけないと「おいしくない」と文句を言います。だからお母さんがたもスーパーに行って、「きょうお父さんいないのよね」なんて思わず笑顔になるのではないでしょうか。

　いないからどうして嬉しいのでしょうか？　いないから豆腐の上に刻んだ葱を乗せなく

ていい、生姜もすらなくていい、薬味なんていらないから、手間がかからないからお母さんは嬉しいということです。

おでんを作っても、お父さんはカラシがないと文句を言います。子どもは薬味がなくても構いません。「カラシちょうだい」という子どもがいますか？　食べ物を薬味がなくては食べられないほうが異常で、そのまま食べられるほうが正常だと私は思います。

こうしてみると、子どもは体で感じたままに欲するものを食べているのです。だから、子どもは自分が食べるものがわかり健康であるのに、大人は食について何もわかっていないということを知っておいてください。

大人は「こころ」でものを食べる

大人と子どもの違う点はほかにもあります。子どもは体でものを食べるというのは先ほど述べた通りですが、お父さんお母さんは、心にも食べ物が必要で、もっとも厄介なのはこれです。

- アルコール
- たばこ

・砂糖

人間がどういうものか知っていたのは『酒と泪と男と女』を歌った歌手の故・河島英五さんでした。歌の中に「忘れてしまいたいことや、どうしようもない悲しさに、飲んで飲んで飲まれて飲んで……」というフレーズがあります。

河島さんは、忘れたいものをアルコールで消毒していたのだと思います。しかし、それが大人というものでしょう。カロリー補給や腹が減ってビールを飲んでいる人はいません。ましてや健康のために飲んでいる人も少ないでしょう。

お酒を飲んでいるお父さんは、きっと会社で嫌なことがあって、そのまま家に帰って奥様の鬼のような顔を見たくないから、駅を下りてつい赤ちょうちんに寄ってしまうのでしょう。誰かにグチを聞いてもらったら、よし明日も頑張ろう！　となるからいいではないですか。これが大人の姿でしょう。

1歳の子どもにはまだ忘れたいものはありません。忘れるから明日があるというのが大人本来の姿なのです。アルコールに弱い大人を責めているのではなく、たばこも同じです。たばこを吸う大人の姿は、寂しいとしか思えません。

お酒も飲まない、たばこも吸わないというお母さんは、ケーキに夢中になることが多いようです。ケーキを食べておいしいなあ！　と思いますか？　ケーキを食べて幸せだなあと思いますか？

全国の会場で同じ質問をしてみると、だいたい、「おいしいと思う人」が6割、「幸せだなあと思う人」が4割位で、ほぼ2割減る傾向があります。

どこが違うのかといいますと、おいしいなと思う人の中で、若い方ならいま止めたら痩せられます。でも、ケーキに「幸せ」を感じるようになったら、もはや手遅れです。ケーキと抜き差しならない関係になっていますから、体重と戦うだけムダでしょう。

「おいしい」と感じる程度なら、今はまだケーキと友達ですが、ケーキを食べて幸せを感じるようになったら、「お口の恋人ロッテ」です。しかしこれも人間ならばしょうがないことなのです。

アルコールについても、あなたとの関係が友達か恋人かを見分ける方法があります。酒の入ったグラスを口に運んで飲んでいたらまだ友達ですが、口がグラスを迎えにいくようになったら、もう恋人です。こうなったら、夫にとって奥様の存在は何年も前から家政婦と同じです。グチは奥様ではなくグラスに向かっています。

旦那さんのほうも、奥様が幸せそうに饅頭を食べている姿を見たら、オレといるよりよっぽど幸せそうだな、仕方がないと思ったほうがいいでしょう。

アルコール、たばこ、砂糖がこの世になければ、肺がんも糖尿病もダイエットの本もいりません。しかしこの三つが世の中からなくなったら、自殺は10倍になるでしょう。これが大人であり人間なのです。

アルコール、たばこ、砂糖の三つと縁がない人には四つ目が待っています。それは何かというと、ボートか自転車か馬かオートバイか、なぜか乗り物が多い傾向があります。あるいは鉄の玉か万引きか、いずれにしろギャンブルです。逆にいうと、この四つともない人は200人いたら数人はいますが、それが100歳まで生きる人なのです。

大酒呑みでヘビースモーカーの人は、ギャンブルには全然興味なく、見向きもしない人が多いでしょう。そういう人は、病院に入院したら晩酌はでない、たばこも離れまで行かないと吸えなくなるので、みんな甘い物に手を出すようになります。

だからたばこを止めて太るというのは、たばこを吸うことを止めて太ったのではなく、たばことという恋人を甘い物に鞍替えしたから太っただけなのです。

女性は、アルコールもたばこも砂糖もギャンブルもないご主人をもったらいいと思ったりもするでしょう。私が全国各地から呼ばれる講演の会場に集まった200人位の人々に聞いてみると、こうした四つとも縁がない人が1人位はいます。楽ですねと思っているのは他人だけです。その方は別のことで悩んでいるのです。酒もたばこも砂糖もギャンブルもやらなかったら、〝女〟しか残っていないのですから。

酎ハイ1杯500円、たばこなら300円、饅頭でも300円。この三つは手ごろだから手を出す人が多いのです。

少々話が横道に逸れてしまいましたが、本題に戻しますと、この五つの中で子どもの健康を考えたときにもっとも気をつけなければいけないのはどれだと思いますか？　女性にとっては〝小指〟でしょうが、子どもにとってももっとも恐いのは当然、砂糖です。

赤ちゃんの時期から飛びつく可能性があるのは砂糖だけで、ビールもたばこも与えようとしても赤ちゃんは嫌がります。幼稚園の裏庭にたばこの吸殻がいっぱいあったなんていうのは聞いたことがないでしょう。だから、子どもの健康を考えるときには、砂糖に注意しなければいけません。

特に、現代の日本人が毎日のように食べているパンの中に含まれている砂糖が危険です。いくらケーキが好きでも毎日食べる人はいないでしょう。でも、パンはほぼ毎日食べているから、いくら少量でも少しずつ、そして確実に日本人の体を蝕んでいるのです。

女性はパンが好き

女性はパンが好きだということは、街中のパン屋さんをのぞけばわかります。なぜでしょうか？　それは、パンには砂糖が入っているからです。世の中にあふれているパンは、お菓子そのものです。砂糖の含有量は以下の通りです。

・食パン　2～8％
・菓子パン　25～37％
・デニッシュ　10～30％
・フランスパン　0～4％
・学校給食パン　10％以下

ケーキを毎日食べる人に私は会ったことがありませんが、パンは砂糖が入っていることを忘れて、365日食べている女性が多いのではないでしょうか。これは朝から饅頭を食べていることと、見た目と名前が違うだけでまったく同じことです。

唐突かも知れませんが、牡蠣フライはなぜあるのか考えたことはありますか？　とんかつはなぜできたのかというと、パンを食べている国だから考えられた料理なのです。

パンというのは、パン粉がでるからパンなのであって、日本の食パンは切ってもパン粉はでません。牡蠣フライを作ろうと思ってもパン粉がでないのなら、日本のパンはパンではないとも言えます。

日本の食パンの多くは、しっとり、ふわっとした食感をだすために砂糖をたっぷり使っているのです。砂糖を入れなかったら、パサパサになってしまいます。ですから、食習慣の中でもっとも恐いのは、やはりパンを毎日食べ続けることなのです。

女性はヒトを忘れている！

こうしてみると、女性はヒトであり日本人であることを忘れているようです。いま日本全体でみられる病気は、男性なら、酒を飲んで、たばこを吸い、暴飲暴食して、40、50代から糖尿病になるのが一般的です。一方、先ほどから触れているように女性は30代から乳ガンになる人が多くなってきました。

つまり、男性はまだましだということが言えます。なぜなら、男性はほとんど9割がヒトであるということを忘れていないし、7割は自分が日本人だということを忘れていません。だから、牛丼チェーン店が牛丼の販売を止めるというニュースで困ってしまう人たちとしてインタビューを受けるのは男性であり、ご飯粒を食べている人なのです。

牛丼屋さんの牛丼は、３００円で飯粒がどんぶり一杯食べられるのですから、考えてみれば若者の健康を守っているのは、吉野家の牛丼ではないかと思うことさえあります。さすがに牛丼ばかり食べていてはいずれ病気になるでしょうけれども……。

一方、女性は朝も昼もサンドイッチを買って食べています。女性は自分がヒトであり、日本人であることを忘れていると言わざるを得ません。現代の日本人女性は、イタリア人、ブルガリア人、フランス人になっています。果物ばかり食べている人は、チンパンジーかゴリラと言われてもしょうがないでしょう。

ヒトは「水」に「でんぷん」を
増やしながら成長する動物です。

3　ヒトは何を食べる動物か？

2歳の子どもの味噌汁には何を入れる？

よくお母さんのなかに、子どもは泣いて騒いでいるのに朝から「青菜を食べろ、青菜を食べろ」と言う人がいます。私はそういうお母さんに「子どもは青虫ではありませんよ」と言うことにしています。「牛乳を飲みなさい、もっと飲みなさい」というお母さんには、「子どもはウシではありませんよ」と言うのです。

では、ヒトは何を食べる動物なのでしょうか？

私が改めてここに書かなくても、実はお母さんは知っています。だから、自分の子どもにはおっぱいを飲ませたのではありませんか。おっぱいは百点満点です。ずっと子どもにおっぱいで栄養補給ができればお母さん方は料理を作らなくて済むでしょう。

でも、それではお昼にお父さんが帰ってきたり、夜も飲ませなければならなくなると、どっちがいいのかわからないので離乳食を食べさせるのです。

離乳食は重湯から始まり、しばらくするとお粥になります。お粥で体に必用なものは8割しかとれないので、少しほかに何か食べさせることになります。ご飯になれば、お母さんは、何らかのおかずを子どもに与えるようになるでしょう。

ということは、お母さんは頭のどこかで、ご飯だけでは子どもの体に必用な栄養がとれないんだな、とわかっているということにもなります。この数字はあくまでもイメージですが、ご飯だけでは7割程度しか栄養がとれないと思われているのではないでしょうか。

では、お母さんは、子どものご飯におかずとして最初に何を付け足しましたか？　野菜でしたか？　お母さんは自分の2歳になった子どもの味噌汁には何を入れますか？

先ほども触れましたが、子どもは何を食べたらいいかを知っています。だから何でも味噌汁に入れていいわけではありません。子どもはわかっていますから、子どもの9割は同じものを好む傾向があります。

2歳の子どもにみょうがの味噌汁を作っても喜ばないでしょう。もちろん例外はあるので、みょうがの大好きなお子さんをもつお母さんは悩む必要はありません。

2歳の子どもの9割は同じものを好むのですが、さて、皆さんはおわかりになりますか？　2歳の子どもの味噌汁に何を入れたら喜ぶでしょうか？

三つあげてくださいと講演会に集まったお母さんに聞くと、「大根、豆腐、じゃがいも」と答える人がいました。大根を好きな2歳の子どもは4割です。考えてみてください。実際には行きませんが、たとえば私と2歳の子どもがおでん屋に行ったとして、子どもが「おじさん、大根ちょうだい」とは言わないでしょう。

豆腐は、好きな子どもの家系図を見ると、どこかにハトが入っているはずです。これは冗談として、「豆腐を好きな子どもは7割です。私が「好きな子は7割です」と言うと、「うちの子どもは異常に油揚げが好きで」と心配する親がいます。3割の少数派だから心配なのでしょう。でもそれはそれで構わないので悩まないようにしてください。

残りのじゃがいもですが、おでん屋さんに行ったら、子どもが「じゃがいもちょうだい」という可能性はあります。じゃがいもが好きな子どもは9割を占めます。

ほかに子どもは何を好んで食べるのでしょうか? それは、さつまいも。じゃがいも、さつまいもときたら、もう一つは何だと思いますか? 講演会で尋ねますと、「さといも!」と大きな声で答えてくださる方がいらっしゃいますが、そう答える方は騙されやすい人です。

子どもはぬるぬるするものや酢の物が嫌いです。好きだと困ることがあるので嫌いなのです。ハイハイして、そのあたりのぬるぬるしたものを口に入れたら危なくてしょうがありません。酢の物が好きだったら青梅だってかじってしまいます。子どもが好きなのは唯一、甘い物だけなのです。

虫歯の話、糖尿病の話は別にして、子どもがハイハイして何か口に入れて困るといっても、甘い物の中にはアメ玉など安全なものしかありません。子どもは甘い物が好きなので、お母さんが子どもを仲間にすることが多いのです。

先ほどの答えですが、子どもの9割は、じゃがいも、さつまいも、そしてかぼちゃが好きです。子どもの9割は、この三つを好みます。でも、別に例外があっても構いませんので、必要以上に気にすることはありませんから安心してください。

子どもの好きな野菜・嫌いな野菜

子どもが嫌いな野菜は、セロリ、ピーマン、葱、みょうが、しそです。子どもはだいたいこういうものが嫌いで、わさびとからしはもっと嫌います。

嫌いな理由は単純で、子どもは「なぜ食事をするのか」ということを知っているからです。子どもは健康のために食事をするのではなく、お腹がすいたから食事をするのです。子どもにとって食事はお腹を満たすのが最大の目的です。ビタミンが入っているか、カルシウムは足りているかなんて二の次なのです。

子どもは、お腹いっぱいにすることに食事の意味があるとわかっているから、しそが嫌いなのです。しそは、いくら食べてもお腹いっぱいになりませんから。葱がなぜ嫌いなのでしょうか？　これもいくら食べてもお腹がいっぱいにならないからです。

葱もバケツいっぱい食べたらお腹いっぱいになるでしょうが、子どもはすぐにお腹がいっぱいになるものが好きなのです。だからファーストフードも大好きです。ここのところが、子どもの食事を考えるときに難しい問題となってきます。

ヒトは「水」に「でんぷん」を増やしながら成長する動物

子どもは普段からよく動く動物なので、いつもお腹がすいています、だから、葱がなくてもおいしそうに蕎麦を食べるし、わさびがなくてもお鮨を食べます。私たち大人のような走りまわらない〝植物〟になると、薬味を付けないと食欲が出ませんから、おでんにはからし、ピザにはタバスコ、うどん、そばにはわさびや七味唐辛子が必要になります。大人は「薬味」という名の〝くすり〟がないと食欲がわかなくなっているのです。

子どもの9割が好きな食べ物は、じゃがいも、かぼちゃ、さつまいもだと先ほど触れました。重湯、お粥、ご飯もほとんどの子どもにとって大好物です。食の視点から子どもたちをじっと観察していると、ヒトは本来何を食べる動物なのだろうか？　ということが良くわかります。

答えは、ヒトは、「水」に「デンプン」を増やしながら成長する動物だということです。野菜ではなく、デンプンです。重湯とお粥とご飯は、どこが違うのかといえば水の量であり、離乳食の場合、成長するにしたがいデンプンの量を増やしていくのです

小学1年生頃の子どもは、お母さんがお父さんの好むようにご飯を炊くと、「ボクはこれでは水分が足りない」と言って、コップで水を飲むでしょう。ですから家族が5人ならば、本当はご飯を炊くときに5人分の水量を調整しないといけないのです。しかし、お父さんやお母さんを中心に考えるから、小学生の子どもは「お母さん、水」と言うことになるのです。

ヒトは「水」に「デンプン」を増やしながら成長する動物であることは、子どもはわかっているのです。

副食は主食を補うもの

ご飯、パン、うどん、蕎麦など主食になるものは、子どもに好き嫌いはありません。ヒトが何を食べて成長するのかわかっているから、子どもはふりかけをかけてご飯ばかり食べます。

しかし子どもは、副食には好き嫌いがあります。なぜでしょうか？　それは、副食に好き嫌いがあっても生きていけるからです。

たとえば、明日、幼稚園生の子どもが山登りに行くとします。朝に目覚ましをかけ間違って出発の10分前に起きたので慌てて、子どもにリュックサック背負わせて行かせなければいけないというときに、お母さんは何を入れますか？

「キャベツ持っていきなさい！」なんてキャベツをまるまる1個持たすお母さんはいません。その割りに、子どもに「野菜を食べなさい」と言ってませんか？　改めて、あなただったら何を持たせるか考えてみてください。

私なら、水筒に水かお茶を入れてから、次におにぎりを持たせようと思うでしょう。神戸で地震があったときも、葱を持って逃げる人はいなかったと思います。ほうれん草を一束持って逃げた人もいなかったでしょう。もし手元にあったら、米、いも、水を持って行く人はいたはずです。実際にはどうだったかわかりませんが、冷蔵庫を開けて、水とビールと牛乳があったら、迷わず水を選ぶはずです。牛乳やビールを選ぶ人もいるかもしれませんが、それは別の人生観でしょう。

それなのに、みなさんは子どもの成長には牛乳が欠かせないと思っているのではありませんか。それなら、なぜ水筒に牛乳を入れないのでしょうか。そんなに栄養があるなら山登りするときに持たせればいいのに。

そもそも水と牛乳は比較できないものです。唐突な例ですが、もしライオンに、「あなたにとって大切なものは何？」と聞いたら、「肉と水」と言うのではないだろうかと私は思っています。ヤギは「水と葉っぱ」と答えるでしょう。

ヒマワリに「何をかけて欲しい？」と聞いても同じです。健康に関する情報を仕入れ過ぎたお母さんが、「低温殺菌牛乳をかけてあげようか」とヒマワリに牛乳をかけたら、ヒマワリは怒るに違いありません。

人間が生きていくうえで水ほど大事なものはありません。みなさんは自分の子どもにきちんと水を飲ませているでしょうか？

水は食べ物ではなく、空気や日光と同じようにないと生きられないものです。牛乳やビールはなくても生きることができます。でも、水はなかったら生きられません。だから、レストランで、子どもが「お母さん、水、水、水」と言うのです。子どもは副食に好き嫌いがあっても生きられるとわかっているから、副食に好き嫌いがあるのです。

私はよくお母さん方から、「うちの子ども、野菜が食べられなくて困っているんです」という質問を受けます。そのときに私はふざけているわけではなく、「お子さんはヤギじゃないんだから、いいんです」と答えることにしています。

お母さんはこの答えでは納得しませんから、続けて、「何に困ってるんですか？」と聞くと、どうやら、お母さんが作ったものを子どもが食べないことが気に入らないだけだということがわかってきます。

そんなふうに困っているお母さんのまわりを子どもは何も困らずに元気に走り回っているのです。それでもまだ同じ質問をする人がいます。

「うちの子ども、魚が食べられなくて困っているんです」

私も懲りずに「何に困ってるんですか？　元気いっぱいじゃないですか」という答えに続けて「お宅のお子さんは、ミケですかタマですか？」と聞くことにしています。もし肉を食べない子どものお母さんが同じ質問をしたら、「あなたの子どもはライオンですか？」と聞いていています。

飲み物を間違えてはイケナイ

そもそも子どもに偏食はありません。子どもにはたくさんの好き嫌いがありますが、それは偏食ではないのです。我々大人も、もう少し子どもを見習って、もうちょっと好き嫌いをもたなきゃダメだとさえ言えます。

ご飯も食べて、パスタも食べて、ピザも食べて、饅頭も食べて、ケーキも食べて、ビールも飲んで、焼酎も飲んで……。どうしようもないのは我々大人のほうです。いろいろ食べ過ぎて、増えた病気は何ですか？　口が三つで、下に山を書く「癌」です。まさに食べ過ぎ時代の病気なのです。

どうやら、大人は子どもを見習ったほうが良さそうです。ただ、子どもの食生活について、お母さん、お父さんが気をつけてあげなければならないことがあります。それは飲み物です。

子どもの軽いアトピーは、いい食事をとれば治る可能性があります。でも、重い喘息とか、重いアトピー、遺伝的な病気は別ですが、生活習慣として病気になってしまったとしたら、まず間違いなく、飲み物の間違いが原因です。

間違いをもっとも起こしやすいのは低温殺菌牛乳（62〜66度で連続的に30分間かけて殺菌した牛乳）です。普通の牛乳（130度で2秒間殺菌した超高温殺菌牛乳）を飲ませているお母さんは、子どもに与える牛乳は1日コップ1杯、2杯程度だけれど、低温殺菌牛乳を飲ませているお母さんは、牛乳が体にいいと思っているからいっぱい飲ませてしまいがちです。

だいたい、人は健康について考え始めると摂取量を間違え、健康を考えないと適当な摂取量に落ち着くという傾向があります。だから子どもにコーラを2リットル飲ませる親はいないのに、子どもに「体にいいから」と思って低温殺菌牛乳を2リットル飲ませる親はいるのです。

私が実際に会ったお母さんは、子どもが3歳か4歳になるまで、ご飯を食べさせずに低温殺菌牛乳を1日2リットル飲ませていました。そんな食生活が原因で、子どもは一生に何人かしか会えない病気になってしまいました。

極端な例をあげましたが、子どもの飲み物は間違ってはいけません。我々大人と違い、子どもは新陳代謝が激しいので飲み物を欲します。そこで牛乳を飲ませたら、子どもは牛乳でお腹がいっぱいになってしまい、ご飯を食べられなくなってしまいます。

もし牛乳を与えるにしても、その量をお母さん、お父さんが自分の胃袋で考えては駄目です。牛乳瓶1本は、1歳の子どもにしてみたら大人の一升瓶1本になるのですから。

子どもに牛乳を1本飲ませておいて、「うちの子どもは食が細い」なんて言うのは大きな間違いです。私でもビールを一升瓶で飲んだら食が細くなります。それでも食べてしまうところが大人の情けないところなのですが……。

子どもに与える飲み物は、この三つだけにするとよいでしょう。

・水
・麦茶
・ばん茶

子どもは玉露もコーヒーも飲みません。大人になって忘れたいことが出てくるとコーヒーがおいしくなるのです。

私の子どもが5歳の頃にビールを飲ませたら、「苦い！　なんでこんなのお父さんは飲んでいるの？」と言いましたが、私も子どもの頃にまったく同じことを言ったのを覚えています。

ところが、20歳の頃に東京に出て独り暮らしになり、暑い日の銭湯の帰りに冷たそうな缶ビールでも買おうかとふと思ったことがありました。当時は三畳一間の下宿で冷蔵庫はなかったので、その場でビールを飲んだら、「誰だこんなうまいものを作ったのは？」と思い、それ以来ずっと飲むようになってしまいました。

そのとき、忘れたいことがあったのか思い出せませんが、何か心境の変化があったのでしょう。失恋などの後にビールやたばこを覚えると止められなくなります。思い当たる人は多いのではないでしょうか。

子どもに戻れる場所を教えたい

子どもに与える食べ物は、味よりも、匂いが大切です。子どもに教えるべきなのは、朝のご飯・味噌汁・漬物の匂いです。

男性は昔の恋人がつけていた香水の匂いを覚えていますし、私は小学校の先生の指についたたばこの匂いを覚えています。通学路にあった畑に蒔かれた肥やしの匂いや堆肥の匂い、小学校のトイレの匂いを私はいまでも覚えています。

ところが、30年も40年も前に彼女とデートしたときの食事は、おいしかったという記憶は残っていたとしても、どんな味だったかは覚えていません。

だから、大阪でも、東京でも、立ち食いそば屋さんは潰れません。あの匂いに惹かれるから、どうしても日本人は食べたくなるのです。味だとか、きれいな店だからといって入る人はいません。やはり、ダシの香りが決定的なのです。

私は以前、主宰するフード＆ヘルス研究所のアルバイトに、「ハンバーガーを何日食べられるか挑戦してくれないか？」と聞いたことがあります。1日がんばったら2000円、2日がんばったら4000円。3日間続いたら8000円、4日間続いたら1万6000円。結局、やる人は誰もいませんでした。若い20歳前後の学生さんに聞いたら、「ボクだったら5日間は食べ続けられる」と答えましたが、本当にできるかどうか疑問です。

私と同じ50代になると、朝、昼、晩と1日は何とかハンバーガーを食べ続けられるかも知れませんが、次の日の朝に喉を通るかどうか。それはどうしてかというと、無性に味噌汁が飲みたくなるからです。

将来、私の娘が、フライドチキンばっかり食べるようなボーイフレンドと出会うかもわかりません。でも、いくら好きでも私の娘が何日も続けて朝昼晩、フライドチキンばかり食べることはないと思っています。

なぜ自信があるかというと、小さい頃から毎朝きちんとご飯と味噌汁を食べさせているからです。これが、「戻れる場所を子どもに教える」ということです。子どもには毎朝、ご飯・味噌汁・漬物の香りをしっかり教えれば、いずれファーストフードの荒波に遭遇しても大丈夫です。

鮭は稚魚を川から放てば、3年後、4年後に、その川に産卵をしに戻ってくるといいます。しかし、海に放たれた鮭の稚魚は故郷の川がないから産卵できない。それと同じようなことです。

毎朝、味噌汁を作るかどうかが最大のポイントです。夜に作ったのを朝にまわしてもいいから、とにかく毎朝、子どもに味噌汁を食べさせてください。

添加物が入っているかどうか、遺伝子組み替えがどうとか、というような細かいことを考えるよりも、ご飯、味噌汁、漬物の三つをきちんととれば添加物も農薬も減ってきます。特に、飲み物とご飯を子どもにしっかり食べさせることがポイントです。

あとは、ご飯をしっかり食べさせれば、ファーストフードやスナック菓子を子どもは自然と欲しがらないようになります。もし欲しがって、たまに食べさせたとしても胃袋の1割に過ぎませんから、その位なら問題ないでしょう。

ここまで、おさらいをしておきましょう。

・飲み物は、水・麦茶・ばん茶。

・清涼飲料水は絶対に与えないようにする。

・ご飯をしっかり食べさせる。

・朝食は、ご飯・味噌汁・漬物にする。

おかずの話は二の次、三の次で構いません。子どもの健康を考えるときに、これらの基本をしっかり押さえておけば、ほかのことは大した問題ではないのです。

こうした観点から考えると、給食ではほぼ毎食でてくるパンは、食事には向かない食べ物だということがわかります。パンが好きなお母さんがパンを食べるのを止められないのはしょうがありません。そういう方は、子どもを学校に送り出した後に、押入れから出して食べればいいでしょう。でも、子どもを巻き添えにしてはいけません。

そうは言っても、お母さん方のなかには「家のスタイルは変えられない」という方も少なからずいます。だからこそ、私は給食をすべてご飯にする「完全米飯給食」にすることで、少しでも多くの子どもに「戻れる場所」を教えたいと考えているのです。

子どもは親を選べない

このような内容の講演会を私は年間100回開き、全国各地で本当にたくさんの方々にお話してきました。また、関連する食の本を50冊書いています。ところが、講演会を開いても本を書いても、食生活の改善について本当に聞かせたい人は来ない、知らせたい人は本を読まないのです。聞かなくてもいい人が来て、読まなくていい人が本を読む、という状況は変わりません。

同じ土地で3年後に同じ講演をしても、来るのは同じ人という笑えない冗談のような状況が実際にあるのです。そこに私はやっと気がつきました。

「家庭の食事がひどくなった」と評論家は言います。どうすればいいのでしょう？　講演会を開いても駄目、本を書いても駄目、ならば一軒づつ家庭訪問をして食事指導をすればいいのでしょうか？　家に上がりこんで、「あなた、ちゃんと食事をしなさい」などとは言えません。

でも、99％の子どもは学校給食を食べているのです。だから、給食こそ食を伝える最良の場だと私は確信しました。

学校給食の実情

学校給食にご飯が採用されるようになったのは1976年のことです。学校給食法の一部が改正され、ご飯が給食に導入できるようになったことと、学校給食用の政府米を買うときには農水省が60〜70％の値引き販売をしたので全国的に広まりました。

その結果、米飯給食を導入する学校は確実に増え、2002年度には、給食を実施している全国の小・中学校の93・1％にあたる3万6713校において、全国平均で週2・9回の割合でご飯給食がだされています。

完全米飯給食を国会（2003年6月26日）で提案した中村敦夫参議院議員によりますと、1997年度の時点で新規に米飯給食を実施する際の米購入の値引率は、新規実施校では60％、週3回以上の実施校では47・5％、そのほかで40％でした。これらを合計すると国の補助額が約200億円でした。こうした支援のお陰で米飯回数は週5日のうち2・7回というところまで増えたのでした。

それなのに、文部省（当時）はこの段階で、米飯給食は定着したと考え、値引き制度の段階的廃止を決定して、2000年度には廃止してしまったのです。だから、その後は2年経っても、米飯給食の回数は２・９回にしか増えていません。

そもそも、１９７６年に米飯給食が始まったときには、その動機は子どもの健康でもなければ、日本の伝統食を見直すことでもありませんでした。何を隠そう、あまった米の処分が目的だったのです。

ですから、政府は当初の米あまりの解消という目的を達成したとみるや、米飯給食を導入する際の支援を中止してしまったのです。

政府が考える給食とは一体何なのでしょうか？　子どもの健康の「け」の字も考えられていないことは明らかです。これでは、学校給食法に違反すると言われてもしょうがないのではないでしょうか。

私が提案する完全米飯給食は、もちろんこのような余剰米の処分場を増やすことが目的でもなく、政治的な思惑でもなく、子どもの健康を真剣に考えた末にたどり着いた考えです。

ヒトに大切なのは「水」と「デンプン」。
水分は、水、麦茶、ばん茶で補い、
デンプンとして、ご飯を食べるのが日本人。
子どもに伝えたい日本の「食」の基本です。

第2部

子どもの歯を守る

鈴木公子

食事が引き出してくれる
人間の自然治癒力を
身をもって実感しました。

1 食事で病気を克服した私

「病気の宝庫」

私は、昭和34年生まれ。現在44歳の歯科医です。住まいは新潟市内ですが、開業している歯科医院が自宅から75キロ離れているので、毎日車で150キロの往復通勤。さらに、11歳になる娘がいますので、働きながら主婦もやり、母親もやり、なおかつ私の父の会社の経営にも携わっているので、たいへん忙しい毎日を送っております。けれども、なぜか元気はつらつ！　全国各地から「講演を」とお声が掛かれば、すぐにヒョイヒョイと飛んで行ってしまうほど、やる気と元気に満ち溢れているのです。

こんな私の姿をごらんになった方は、「きっと、もともと丈夫な人なのだろう」と思うことでしょう。ところが、違うのです。実は、以前の私は、病気の宝庫でした。宝庫というのは「宝」と書くので、「病気をたくさん持っていて宝というのも変だろう」と言われたことがありますが、病気を克服するまでの様々な過程のおかげでわかったこと、実感できたことが現在の自分を作っているとも言えるので、やはり私にとっては、これまでの病気は「宝」なのです。

実際に、私がどのような病気だったのかというと……。生まれたときは大きな赤ちゃんで、そのまま小学3年生の頃まではすくすくと育ち、学年で一番発育のいい子どもでした。とにかく大きくて、いつも郡市の中で〝健康優良児〟のトップに選ばれていたほどです。

私の育った頃は、とにかく大きいことがいいことだという風潮でしたから、「大きくていい子だ」と言われて育ったのですが、小学校高学年の頃から、いつも心臓がバクバクして苦しくなってきたのです。そこで内科の先生に診ていただくと、「体が大きすぎて、心臓の成長が追いついていない。だから、とにかく大きくなるまで待ちなさい」と、言われました。

そんな状態でしたから、体育などもほかの子どもと同じようにはできず、体を動かすことを控えがちだったせいか、高校生の頃からは、とにかく年中、病気ばかりするようになってしまいました。

まず、高校1年のときに肺炎になり、それ以降、寝たり起きたりで学校は休みっぱなしでした。試験を受けられないことも多々ありましたので、成績は惨憺たるものでした。それでも、何とか大学の歯学部に受かり、ホッとしたのも束の間、その頃にはいろいろな病気が出てきてしまったのです。

＊

それは20歳の春だったと思います。あまりの生理痛のひどさに、救急車を呼ぼうかと思う程だったのを覚えています。初潮の頃から生理痛はひどかったのですが、その頃になると毎月ひどい痛みが1週間以上も続き、歩いていても、貧血を起こすほどでした。

痛みはだんだんとひどくなり、生理ではないときにも、歩けないほどの痛みがしばしば襲ってきました。何をやっても疲れやすく、階段を2階まで上るだけで息が切れるほどでした。こんな調子ですから学校も休みがちで、大学2年のときには150時間もの欠席をしてしまいました。

私は、両親が小学生のときに離婚しており、父と暮らしていたので生理の相談をすることもできませんでした。この年頃で、産婦人科に行くのはとても抵抗があります。でも、このように尋常ではない状態になってきたので、意を決して1人で産婦人科に行きました。

大きな病院では恥ずかしいという思いから、町の開業医を訪ねてみました。診断は「子宮内膜症、ダクラス窩腫瘤」。難しい病名でしたが、そのときの説明では、ダクラス窩に良性の腫瘍があり、それが直腸と癒着を起こし圧迫しているとの診断でした。これは生理のときの血液が外に出ずに体内にたまっていく症状で、そのままにしておくとどんどん進行していくものです。

治療法としては子宮を取る以外には一生ピルを飲み続けて生理を止めるしかなく、将来も赤ちゃんはまず望めないだろうとのことでした。

私にとっては、地球がひっくり返る程の大ショックでした。そんなひどい病気だったなんて、そのうえ赤ちゃんも産めないなんて……。両親が不仲だった分、私は幸せな家庭を夢見ていました。それなのに突然、「子どもが産めない」と宣告されたのですから、そのつらさといったらありませんでした。

一応父に相談しましたら、ちょうどその頃、誤診で子宮摘出された人たちが病院を訴えている事件があったこともあり、私もきっと誤診だから大きな病院に行ってみるべきだと言われました。少し気をとり直した私は、今度は地元のがんセンターに向かいました。

ところが、そこでも、「一生、子どもはできません。治療も、前の病院で言われた通りの方法しかありませんから、言う通りにしてもらってください」と、言われてしまったのです。ショックはさらにひどく、それからは打ちひしがれたまま薬を飲み続けました。ピルを飲んでいると妊娠した状態ですから、確かに毎月の生理も軽くなりました。ひどい貧血状態も薬でかなり改善され、薬を飲みはじめてから1年間近くは、まあまあ具合も良く過ごしていたように思います。

しかし精神的ショックはそのまま続いていましたから、だんだんお酒の量が増え、女一人で飲みに出ては酔ってベロベロになるということがしばしばでした。そして、調子が良かったのもつかの間、だんだんとだるさが続くようになり、ピルの副作用で体全体がむくんでいる感じになってきました。

＊

その頃から私の体は、いっそうおかしな方向に向かいはじめたのだと思います。まず、心臓の発作がたびたび起こるようになり、1日に何度も頻脈が起き、ゼイゼイしている状態が続きました。

あるとき、ついに授業中に大学の附属病院に担ぎ込まれ、何人もの先生がてんてこまいした挙句、やはり精密検査を受けたほうが良いとのことで、それから大学病院に通うことになりました。何ヶ月も通い、ありとあらゆる検査を受けたところ、心臓のどこかの弁に異常があり、発作性頻脈と診断されました。

＊

もう一つの症状は低血糖です。私の家は代々糖尿病の家系で、幼い頃から母のいなかった私たち姉妹は、糖尿病の祖母に甘やかされて育ちました。

祖母の口癖は、「あなたたちも糖尿病になると甘い物が食べられないから、食べられるうちに食べておいたほうがいいよ」でしたから、小さな頃から甘い物はとり過ぎていたと思います。

高校生くらいになると、学校の机の中にもカバンの中にもいつもキャンディーが入っているほど甘い物漬けになってしまい、大学生の頃にはすでに低血糖症状が出ていました。

祖母が低血糖症状になるといつもキャンディーを一つなめて治めていたので、私も気分が悪くなると甘い物を口にしていました。そんなことを約10年も続けていたのですから、今思い返すと本当にバカなことをしていたものです。

そんなある日、街を歩いていて、いつもの低血糖症状(冷汗ダラダラ、目はチカナカ、血の気が失せ、手足はしびれて足はフラフラ)が出てきたので、カバンの中を探したのですが、甘い物がありません。私はすっかりパニック状態になりました。辺りにはスーパーなど見当たりません。一軒のラーメン屋さんが目に入り、飛び込んで「ラーメン」とほとんど悲鳴のような声で注文しました。すぐにおいしそうなラーメンが出てきましたが、箸を持つ手が震えてしまって口に運べないのです。涙がにじんできました。ラーメン丼を持つこともできず、でもどうしてもこれを食べなければと思い、人目もはばからず、ついに丼に口をつけました。まさに犬食いそのもの。若い女性がまっ青な顔をして、丼に食らいついているのですから、周りのお客さんはびっくりしたことでしょう。でも、私は必死だったのです。

その事件をきっかけに、これはただごとではない、私はもう完全に糖尿病になってしまったと思い込み、病院で検査を受ける決心をしました。ところが、診断は「糖尿病ではありません」でした。そのとき、医師が低血糖症について説明してくれていたらその後どんなに助かったことでしょうに……。何の説明もなかったため、ほっとした私は今まで通り甘い物を食べ続け、重症の低血糖症へと突進していったのでした。

＊

そんな状態に追い討ちを掛けるように、今度はアトピー性皮膚炎の病状まで出てきました。当時はまだアトピーなどという病名はメジャーではなく、私の病名もただの接触性皮フ炎とのことでした。背中と上腕部が殊にひどく、常に掻き続けていました。あるとき、友人とお風呂に入り、彼女に「あなたの背中なあに？」と言われ、鏡をみてビックリ。背中に赤黒いアザが帯状にあるではありませんか。無意識で掻いているうちに、アザになってしまったのでしょう。腕も同じような状態でした。

ときどき皮膚科に行ってホルモン剤の湿布をしてもらい、飲み薬や塗り薬をもらっていましたが、止めるとすぐにかゆくなり、また病院に行くというパターン。もどかしくて先生に「何が原因なんでしょうか？」と聞いても、「そんなもんわからん」のひと言です。今考えてみると原因の説明もできずに、よくもまあ、あんなにたくさんの薬を出せたものです（それを信じていた私も未熟でしたが）。

＊

ざっと私の病歴をたどってみましたが、結局はどの病気も原因が除去されたわけではないため、常にどこかの病院に通い、ホルモン剤、抗生物質、鎮痛剤をもらい、1回に飲む量が10数個。薬袋は、買い物袋みたいなマチのついた大きいものになりました。まさに薬漬けです。けれども、その頃は薬を飲むことがたった一つの治療法だと信じていました。

ところがそれほどまでやっているのに、大学4年生のときには、3年間飲み続けていたピルの副作用で目まいと吐き気がひどくなり、学校まで何とかたどりついても机の上の教科書がグルグルまわって見え、授業がまともに受けられなくなっていたのです。

そこで、朝、まず大学付属病院に行って点滴を受け、吐き気を止めてからやっと授業を受けるという毎日を繰り返していると、さすがに内科の教授も不審に思い、とある大学病院の産婦人科を紹介して下さいました。

その後また何ヶ月か検査が続き、それはそれは痛い思いもしたものです。でも、診断はやはり子宮内膜症で、治療法はまたもやホルモン剤の服用でした。

そんな娘を見ていた父は、私が大学を卒業しても絶対に働くことはできないだろうと思っていたようです。父だけでなく、そのときの状態では働けるはずもないのは誰が見ても明らかでした。私自身も、とにかく具合が悪くて、卒業するのも精一杯という感じでしたし……。そのような理由で、卒業後の進路として決まっていたのは、就職口ではなくて入院先と手術の予定でした。

食事療法との出会い

そのような私でしたが、本当に運命的な出会いがあり、ある奇特な先生が私に働いてみないかと誘ってくださったのです。開業医の先生でした。そこがまた、なんだか変わった歯医者さんでしたが、私はそこで驚くべきことを教わりました。

私は、大学6年間ずっと歯学部で西洋医学を学んできたはずなのに、その過程で1度も習っていないことを言われたのです。

「病気には原因があって、その原因を取り除かなければ必ず再発する。だから、病気の治療っていうのはその原因を取り除くことなんだ」

確かに、私も病気のとき、診断の度にいつだって先生に聞いてきました。「先生、何が原因でこんなになっちゃうんですか。どうして私だけ、こんなに具合が悪いんですか」。すると、「さあ、わからん。体質かなあ」とか、「生まれつきじゃないかなあ」と言葉を濁して、結局誰も教えてくれませんでした。アトピーのときもそうでした。「わからないから、ステロイドを塗るんでしょう！」と叱られたこともありました。

なのに、その歯医者の院長は虫歯や歯周病になるのも「必ず原因があるはずだ」。挙句の果てには「君の病気も必ず原因がある。だからその原因を取り除けば、絶対に良くなるから」と言うのでした。

私は半分怒りました。だって、今までずっと苦しんで、専門医という専門医を全部まわり、手術をして、東京にまで行って診察してもらって、「治しようがない」と言われているのに、なんでそんなに簡単に「治るよ」と言えるの？　と思ったからです。

それでも、その院長のお話を聞いているうちに、なんだか納得できる部分もあるなと思い始めました。でも、実際にどうしたらいいかはわからなかったのですが、そんなとき、院長の知り合いで、食で養生することを教えている歯科医の大塚誠之輔先生(新潟県柏崎市・大塚歯科医院院長)を紹介していただき、その先生に自分の症状を話してみたのです。

そのときは、相手は歯医者さんですし、ちょっと相談という感じでした。ましてや子宮や心臓が治ったり、完全に健康になるなんて考えてもいませんでしたから、アトピーが少しでも改善されれば、くらいの軽い気持ちでした。その頃の私は、背中や二の腕がいつもぐちょぐちょに荒れていて、それまで夏でも半袖を着たことがありませんでした。24歳のときのささやかな夢は、半袖を着ることでした。

そこで、その先生に、「先生、アトピーって治ります?」と聞いてみました。すると、いともあっさりと「ウン、簡単だよ」と答えたのです。

「えーー嘘だーー! 私は、こんなにステロイドを使っているのに全然治らないじゃない」と思いましたが、そんな私に先生はこう言いました。

「簡単かんたん。いい? まずは卵と牛乳と砂糖、これから3ヶ月間止めてごらん。それから、主食に玄米と、なるべく野菜を食べること」

私は拍子抜けし、「え？　簡単じゃん。三つくらいならやれるわー」と思い、即日実行してみたのですが、実は、これがとても大変なことでした。卵と牛乳と砂糖を使わない料理なんて、外食ではありえませんし、市販されている食品にも三つのうちどれかがたいてい含まれているので口にできません。それでも、半袖になりたいがために、がんばってやってみたのです。

すると、本当に3ヶ月で、まず腕のアトピーがツルリときれいに消えました。そして、日に日に背中のアザも薄くなってきたのです。これには驚きました。薬を何もつけていないのに、どんどん良くなるのですから……。もちろん、玄米食も並行して続けていました。

でも、まだその頃は、まさかアトピー以外の症状までは治るまいと、食事の効果をあなどっていましたし、相変わらず鎮痛剤もたくさん使っていました。

今考えれば、とても徹底した玄米菜食とは言い難いものでしたが、それでも食べ始めて3年が経ってみると、肌はきれいになるし、どんどん元気が出て仕事もバリバリできるし、多少無理してもダウンしないし、何だか体の底からエネルギーがふつふつとわき出してくる感じになったのです。

「もしかすると、私はこのまま健康人になれるのではないかしら」と何となく、明るい未来が見えたような気がしてきたほどでした。

ところが、物事はそううまくはいきませんでした。

ついに失明？　アレルギー性角膜潰瘍

ある時期から、視界が白っぽく濁るようになり、朝、目が覚めると窓の外が真っ白に見えました。冬でしたから、「雪がたくさん降ったなぁ」と思って部屋の中を見回すと、なんと同じように白いではありませんか。その上、目を動かすたびにひどく痛いのです。

何が何だかさっぱりわかりません。まあ、コンタクトを使っていて細菌感染でもしたのだろうと軽く考えていましたが、痛みがどんどん増し、仕事もできなくなったので、眼科に駆け込むと「角膜びらん、角膜潰瘍」という診断。

通院で治るとのことでしたが、その痛みたるや人間の病気の痛みの中でもっともつらい痛みとかで、この病気になったあの貴花田も、あまりの痛みに病院の壁を拳で叩いたとのことです。

私の場合は、あまりの痛みに壁を叩くどころか寝返りも打てないほどでした。それでも1ヶ月経ち、視力も戻り、眼科の先生のお許しも出たので、その日30分だけコンタクトを入れてみることになりました。そうしたら、今度は両目の角膜潰瘍からなんと角膜剥離にまで進んでしまったのです。これはもう、生き地獄でした。両目が開けられず、痛みは言い表しようもありません。遠くで音がしただけで、うめき声が出るほど痛いのです。盲目の状態でただただ痛みをこらえる毎日が続きました。結局、最終の診断は「アレルギー性角膜潰瘍」。そうだったのです。これもアレルギーの延長だったのです。

このまま失明してしまうのではないかという不安と真っ暗闇の中で、激痛に耐えながらつらい日々を過ごしましたが、治療を施し、2ヶ月でどうにかまた目が見えるようになりました。

そして、そのときにやっと気づいたのです。

「今までが甘かった。こんなことでは、私は健康人に近づくどころか次々と新しい病気になってしまう。そういえば、この頃ずっと調子が良いからと、つい甘い物や果物も食べたし、玄米だって時々なまけたし、何もかもいいかげんになっていたもんなぁ」

不可能といわれた出産を果たす

それからです。徹底的に勉強を始めました。食べ物に関しての本を次々と読み、講演会に行き、いろんな人たちと出会い、たくさんのことを教えて頂き、これでもか、これでもかというほど知識をつめ込みました。特に前出の大塚誠之輔先生にはたくさんのことを教えて頂きました。

玄米を1日3食、欠かさず食べ始めたのもこの頃からでした。それから二度と目の病気は再発せず、なんと、子宮内膜症の症状までメキメキと良くなってきました。1回の生理で10～20個も使っていた鎮痛薬も2個ほどで我慢できるほどに軽くなり、こうなると、まるで、自分の体を食べものという薬で実験しているようで、どんどん面白くなってきました。

それからの私は、別人の体になったみたいでした。何をするにも今までとは段違いに楽なのです。疲れないし、じっとしていられないほどエネルギーがわいてくる感じなのです。

そして、自分でも信じられないことに、なんと「絶対無理」と言われ続けた子どもまで授かることができたのです！　経過は順調で、無事、女の子が産まれました。

食事で引き出された自然治癒力

思えば、大学病院ではとにかくいろいろな治療を受けました。ありとあらゆる痛いこと、つらいこと、薬を飲むことをずっとやり続けてきたのです。でも、それは原因を取り除いているのでなく、単なる対症療法だったわけです。それが、ただ食事を変えただけでどんどん良くなったのです。

つまり、食事が人間の自然治癒力を引き出してくれることを、身をもって実感したのです。そして、子どもまで無事に産めたときに、強く、「ああ、これを患者さんに伝えなくっちゃ」と感じました。それが私の使命だと思いました。

それからは、1人でスライドと映写機を持って、学校や幼稚園など様々なところにお願いして講演をさせていただくようになり、やがて依頼を受けることも増えてきて現在に至ります。

「こんな食生活をしていると、皆さんの子どもも、私みたいに病気になっちゃいますよ。こんなにつらい思いをさせたくなかったら、今、きちんとした食事をさせてあげてください。そうしないと、ずっとずっと苦労することになりますよ」ということを、とにかくお母さんたちに伝えたくて。そうした活動の中で食育の大切さを話していたら、幕内秀夫さんと知り合い、またさらに講演の範囲が広がって行きました。

＊

ここまで、おもに私の病気と体の健康について述べてきましたが、もちろん歯科医としての臨床経験からも、食事はとても重要なものだとわかってきました。そこで、講演では、食事が歯と体全体に与える影響について、重点的にお話ししています。

ちなみに、私の病院が開業した17年ほど前は、診療所のある新潟県西山町は県内で虫歯の率が最下位から4番目、つまり、全県で4番目に虫歯の多い地域でした。ところが、講演と指導の甲斐あってか、この3年くらいで上位3位内に入るようになりました。

実は、歯科医師会の先生方にはとても嫌がられています。「お前は自分で自分の首を絞めてどうするんだ！　患者が激減したじゃないか」と。確かに、うちの医院の収入が激減したことは事実なのですが、それっていいことだと思いませんか？

では、実際の講演はどのような内容なのか、次の章で詳しくご説明しましょう。

口の中は、
体の中をすべて映してくれます。

2 口の中を見れば生活全般がわかる

勘違いしやすい危険な飲み物

今までに7000人もの患者さんのお口の中を見せていただいているので、口の中を見るだけで、その方の好みがたいていわかるようになってきました。

和食が大好きな方。甘い物が大好きな方。ジュース類の大好きな方。果物が大好きな方。コーヒーが大好きな方。早食いの方。ストレスだらけの方。まじめで、いつも頑張り過ぎている方。お年寄りの介護をしている方。コンビニ弁当ばかり食べている方。柔らかい物ばかり食べている方。アルコール漬けの方。便秘気味の方。高血圧の方。みんな、お口の中にサインが出ています。幕内先生のおっしゃるギャンブル好きや女好きの方はちょっとわかりませんが……。

そもそも歯科医師の仕事は、虫歯や歯周病を治すことだけではありません。どうしてその患者さんが病気になったのか、その原因を探ることが大切です。お話を聞いて、お口の中をくまなく観察して、原因を探し、それを患者さんに伝えることにより、再発を防ぐことこそが医療ではないでしょうか？

原因を取り除くことなく、ただむやみに治療をしたり、お薬を飲んでもらうだけでは何の解決にもなりません。これまでの医療人は、あまりにも対症療法に頼り過ぎていたと同時に、患者さんも自分の側の原因を知ろうともせず、あまりにも他人任せだったのではないでしょうか。

近年、病気の原因の多くが食生活に深く関係していることが明らかになり始めました。だからこそ、病気の人もそうでない人も、毎日の食習慣に気をつけて病気を原因から取り除くように心掛けたいものです。

まずは、飲み物から見ていきましょう。子どもの歯と体の健康は、まわりの大人の認識にかかっています。ところが、良かれと思って与えているものが、実は子どもの歯を破壊しているケースも少なくありません。

はじめに見ていただきたいのは2歳の男の子の前歯です。2歳というのはまだ乳歯が生え揃ったばかりです。その20本が、2、3ヶ月の間に虫歯になって全部溶けてしまった例です。何かを間違って、子どものために良かれとお母さんが飲ませ続けたものが原因です。

おわかりになりますか？

正解は、スポーツドリンクです。これは、小児科の先生が、子どもに脱水症状があるときや熱が高いときなど緊急に水分を補給するために推奨しているものです。それを間違って、「お医者さんが勧めるのだから、これはきっと水よりもいいものなんだ」と受け取り、毎日子どもに哺乳瓶でスポーツドリンクを飲ませたら、このような結果を招きました。

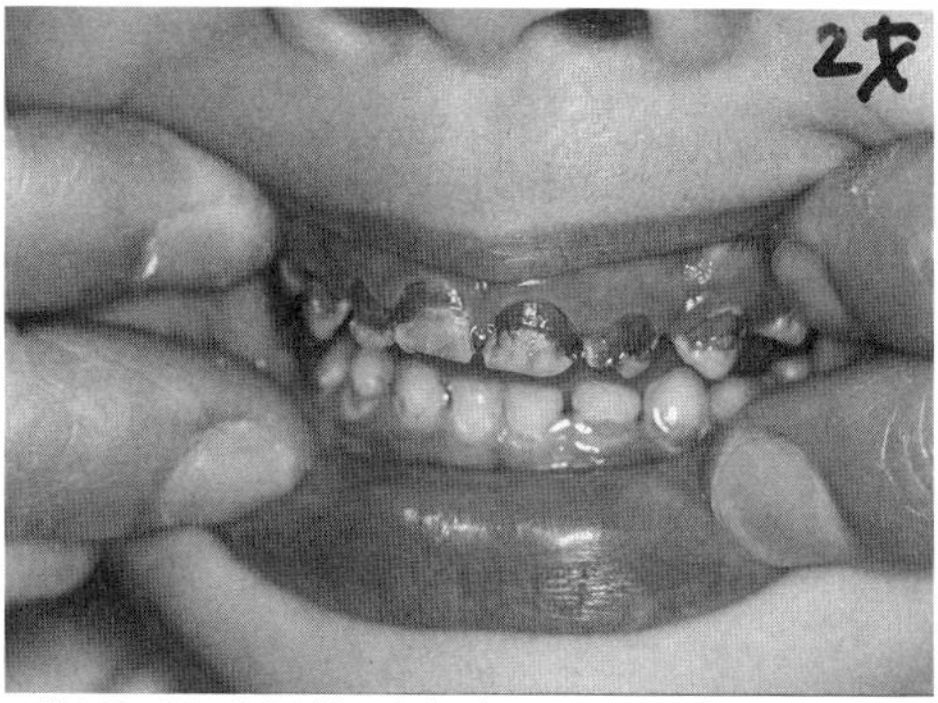

＊数か月の間に乳歯が全て虫歯になったケース(2歳児)。

＊スポーツドリンクが子どもの乳歯を溶かす原因になる。

スポーツドリンクは、ある製薬会社が作っています。どうして製薬会社が販売しているかというと、これは点滴の中身と同じ成分だからです。点滴の液に、少しグレープフルーツの風味をつけ、砂糖をたっぷり入れるとスポーツドリンクになります。今にも死にそうな人が、生きるためにするのが点滴です。健康な人は点滴をする必要がないのに、毎日子どもに飲ませてしまったわけです。

子どもたちも、スポーツドリンクに対してはとても間違いやすいようです。当医院の中学生と高校生の患者さんも、「スポーツをしているときには、絶対あれじゃなきゃダメ！」などとよく言います。しかし、プロのスポーツ選手に聞きますと、だいたい通常の2倍か3倍に薄めて飲んでいるそうです。あれほど濃厚な液体を飲んだら、反対に喉が渇いてしまいますし、虫歯になるのもあっという間です。

次は特に、おばあちゃん、おじいちゃんが孫に「これを飲むと腸の調子が良くなる」とあげてしまうものです。昔、どの家でもとっていたものですが、これを毎日何本もあげているると、小学1年生になる頃には、歯がほとんど全部なくなってしまいます。生えているのは6歳で臼歯1本だけです。あとは全部ドロドロに溶けてしまっています。原因は、乳酸菌飲料です。

同じように非常に間違いやすいものが、果汁100％のジュースです。これも、かなりの糖分を含んでいるので、常飲し続ければ当然虫歯になります。ところが、天然の果汁だったら大丈夫と勘違いしているお母さん、お父さんはとても多いようです。心当たりはありませんか？

以上の飲み物を消去していきますと、お勧めできる飲み物は水かお茶になります。今や、コンビニでも自動販売機でも、水もお茶も何種類も売っています。「味のない飲み物にお金を払うより、やっぱり味のあるほうがねえ」なんて甘味飲料に手を伸ばしていると、得をしたようで結局、将来損をすることになりかねません。

こう考えると、不思議なのは、高校の校舎の中に自動販売機があるということです。そこで甘味飲料が生徒たちに山ほど売れています。その売った売上の一部が学生会の費用になる学校もあるそうです。飲めば飲むほど学生会が潤うという、おかしな話ではありませんか。学生たちを不健康にしているというのに……。

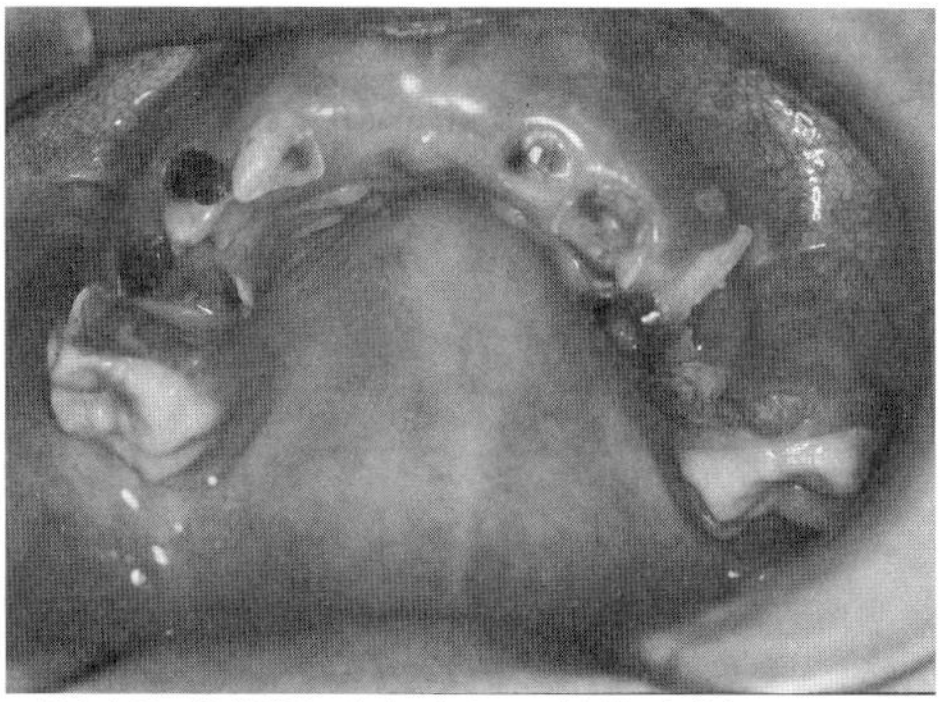
＊ほとんどの歯が溶けてしまったケース（小学1年生）。

＊砂糖たっぷりの乳酸菌飲料は子どもの歯を溶かす原因になる。

ですから、何となく清涼飲料水を買って飲むということを習慣にしないよう、子どもが小さな頃からまわりの大人たちがしっかり教えてあげてください。そうしないと、大人になって次のようなことになりかねません。

24歳のサラリーマンの場合

「前歯を何とかしてください」

その24歳の男性は、東京から新潟に転勤して来たエリートサラリーマンでした。その上、かなりの美男子で、私が10歳若ければデートに誘ったかもしれません。しかし、しゃべりはじめると、驚いたことに歯がほとんどないのです。

「本当は僕、すごく歯医者苦手なんです。でもあんまり彼女が言うもんで、仕方なく今日連れて来られたんですよ。先生、僕、大学生のころは虫歯は全部治してきれいだったのに、社会人になったら突然歯が痛みもなくポロポロと欠けてきちゃって、2年間でほとんどなくなってしまったんです。どうしたんでしょう」

どうしたのでしょうは、私のセリフです。まずは原因を探さなければいけません。

「どう？　社会人になってから突然甘い物を好きになったんじゃない？」

「いいえ、僕は甘い物は嫌いですから」

「コーヒーなんて飲みません？」

「コーヒーは良く飲みます。缶コーヒーを1日に7、8本は飲みますね」

そうなのです。彼は、缶コーヒーの甘さでは虫歯になるとは思わなかったのです。ましてや体にどんな悪影響を及ぼすかを考えたこともなかったでしょう。よく聞けば、会社の同僚もみんながそれぐらい飲んでいるのだそうです。

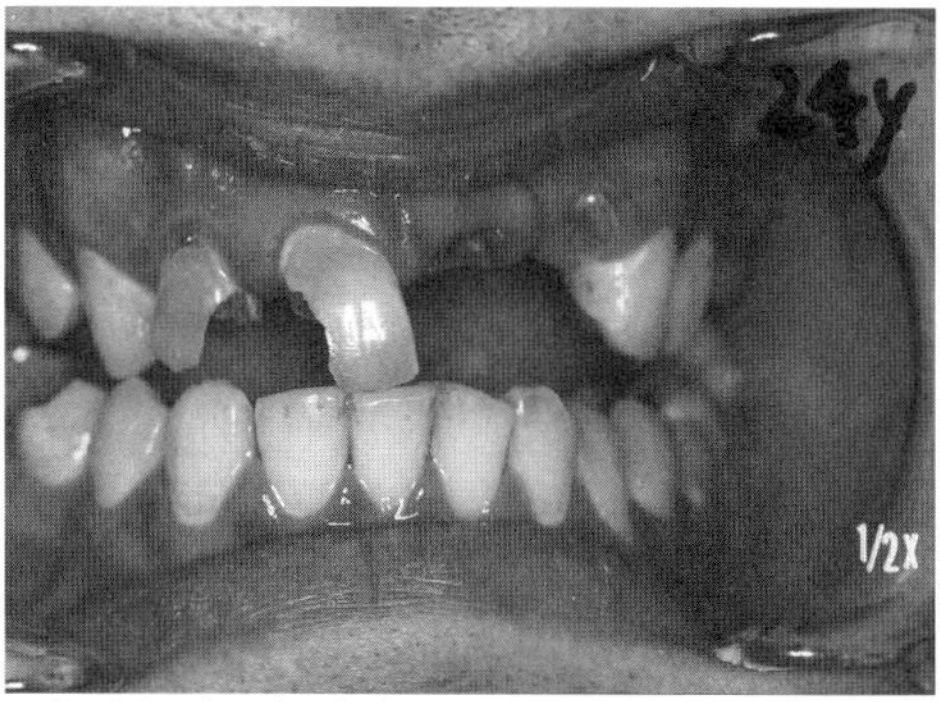

＊痛みもなく歯がポロポロ欠けたケース(24歳・男性)。

＊缶コーヒーを含む甘味飲料は大人の歯を蝕む可能性が高い。

サラリーマンで、忙しくて時間のない人は、缶コーヒーを夕食にすることも良くあるとか。確かに、缶コーヒーを2、3本飲めば血糖値がパーッと上がりますから、空腹も満たされ少しスッキリした気分になります。そうなると、麻薬のようなものです。

彼には、すぐに缶コーヒーを飲むのを止めていただきました。そうでないと、治療より虫歯の進行のほうが速いからです。

このような患者さんは珍しいと思っていたら、その後、次々と甘味飲料による重症虫歯の患者さんがいらっしゃるようになりました。社会人になり、お給料がある程度入ってきてお小遣いが自由になると、好きなように飲んでしまうのです。結果として、お小遣い以上の治療費がかかってしまうということを忘れないでください。

では、次に食べ物が招いた症例をいくつかご紹介しましょう。

中学1年生の女の子の場合

「はぐきを切ってください」

そのお嬢さんが来院したときの第一声でした。中学1年生だった彼女は、小学4年生の頃から歯肉炎で、当院に来るまでにすでに2回も歯肉炎の手術を受けていました。歯肉炎の手術といえば、大の大人でも涙する手術です。何10ヶ所も麻酔の注射をして、腫れた歯肉をメスで切ってしまうのですから、術後の痛みは並大抵ではありません。

実際、彼女も、手術をした後は必ず2日間学校を休んで、突っ伏して泣き続けていたそうです。これが、いまの医療の現状なのです。腫れていたら切る、何も原因は教えてあげないのです。いままで1度も原因を聞いたことがないというのですから、私が病気だった頃と同じです。

　早速、彼女のお口の中を見せていただいて驚きました。前歯の歯肉が腫れあがり出血して、まるでイクラがいっぱいくっついているようです。これでは歯磨きどころか、少しでも硬い物は噛めないでしょう。いったいどうしてこんなことになってしまったのでしょう。

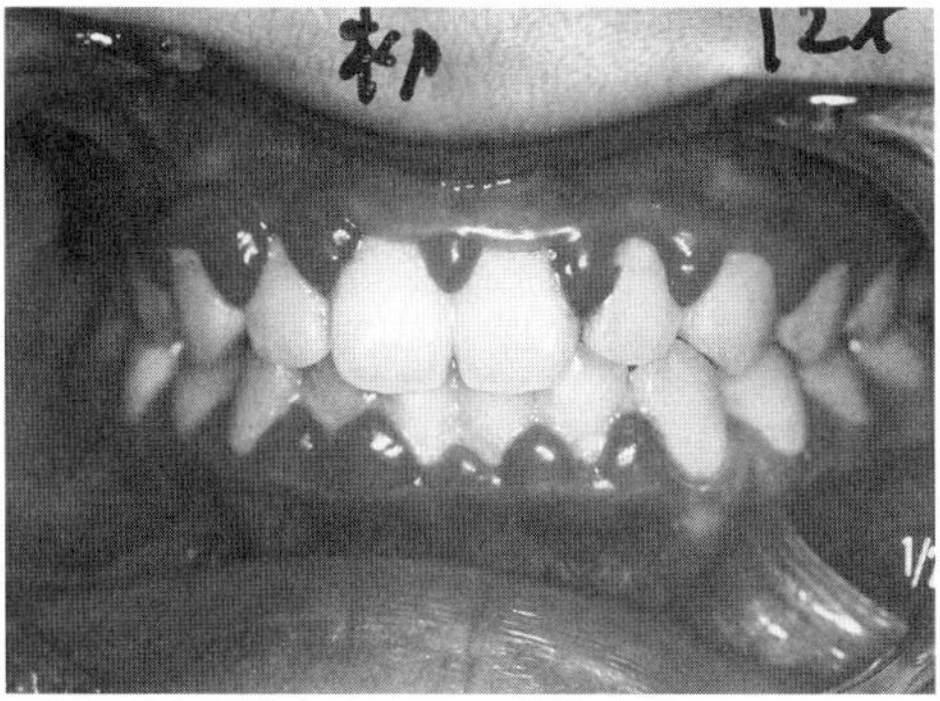

＊前歯の歯肉が腫れあがったケース（中学1年生）。

　私は、以前から歯肉の病気は歯磨きで治す主義でしたので、彼女に、手術はしないからその代わり毎日の歯磨きをがんばって欲しいと説明しました。しかし、これほど真っ赤にただれた歯茎に普通の歯ブラシは当てられませんから、最初はやわらかい絵筆を曲げて、その先でとにかく丁寧に、1時間以上磨くように指導しました。もちろん彼女は大喜びです。何しろあの痛い手術をしないですむのですから、どんなことでもすると約束しました。

　期待に応えて、彼女は一生懸命磨いたので、腫れた歯肉は見る見る引き締まってきました。私は1度も彼女の歯茎に触っておらず、もちろん、内服薬も出さずに、です。

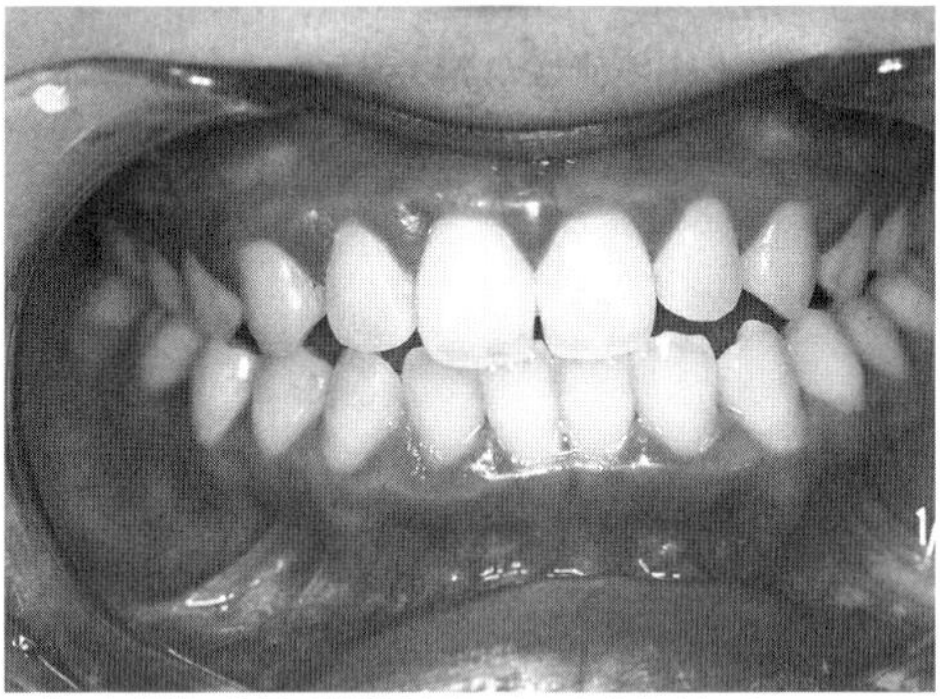

＊曲げた絵筆で毎日1時間以上磨いたら大分良くなった。

しかし6ヶ月、8ヶ月と歯磨きを続けるうちに、ある一定の歯肉の状態から変化が見られなくなってきました。以前に比べたら格段に良くなってはいますが、まだまだ不十分な状態です。

そこで、いよいよ食事指導をすることにしました。これほどしっかり歯磨きをしてもまだ腫れているということは、もう一つ前の段階に原因があるからです。

彼女には、はじめて来院したときに顕微鏡を見せ、歯肉炎の原因である細菌について説明しました。「これが原因だから、このバイ菌をキレイにしようね」と話したのです。でも、さらに今度は、バイ菌を付きにくくするために、もう少し前の原因を教えることにしたのです。それが食事指導です。

家族の方には内緒で、2週間分の毎日の献立を書いてきてもらうことにしました。内緒にしたのは、お母さんに知られると、張り切って特別メニューになってしまうからです。

私の予想では、インスタント食品や甘味食品、出来合いのお惣菜、袋物などが並ぶのではないかと考えていたのですが、意外にも献立はすばらしいものでした。毎日手作りの、心のこもったお料理。野菜も全部自家製とのこと。これには私も首を捻りました。非の打ち所がありません。

しかし、献立をにらみつつ、もっとよく考察してみました。すると、あることがわかったのです。彼女は食べるときに歯で噛んでいないのです。つまり、噛んで食べる食事の献立が極端に少ないのです。ちらし寿司にシチュー、カレー、ぎょうざ、お赤飯にお刺身……。

毎日がパーティーのようなご馳走なのですが、季節の野菜の漬物や生野菜がまったく食卓に上がってこないのです。その上、麺類の好きな家族で、3日とあけずに麺類が登場します。

そうなのです。子どもが大好きな献立で、噛まなくても飲みこめる食事ばかりだったのです。とてもしっかりしたお母さんですから、甘い物は避けて、虫歯は1本も作りませんでしたし、手作りのお料理のみで頑張っていたのですが、噛ませなかったという落とし穴があったのです。

原因がわかってからの指導は簡単でした。お母さんに当医院に来ていただき、和食中心の噛める食事について説明をして、簡単な浅漬けや和え物の献立を紹介しました。

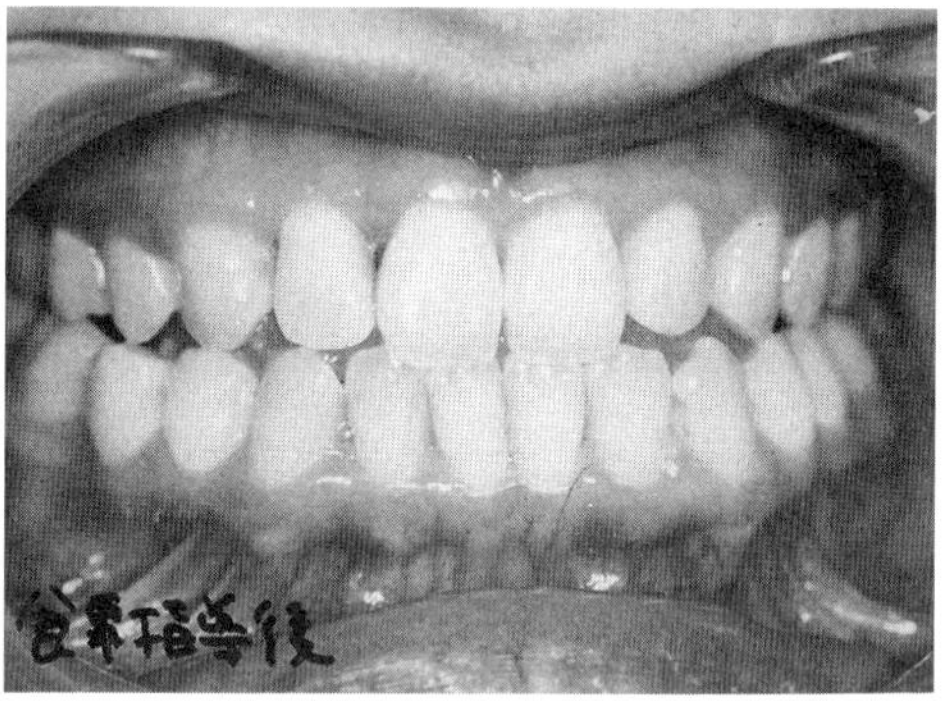

＊食事指導も加えて完璧な歯肉を取り戻した。

その後、すぐに彼女の歯肉は完璧な状態へと変わっていきました。中学生だった彼女は30歳になり、社会人になっても定期的に検診に来てくれていますが、いまではすっかり美人で健康的な若いママになっています。もしもはじめて来院したとき、歯肉の手術をするだけで原因を取り除かなかったら、いまごろきっと総入れ歯になっていたことでしょう。

このケースは特別なようですが、皆さんもちょっと考えてみてください。子どもにたくさん食べてもらいたくて、やわらかいものや洋食ばかり食卓に並べていませんか？

パンを常食してはイケナイ

「先生、また腫れてしまいました」

その40歳の女性は、私の診療室に通い始めてかれこれ14年になります。以前から歯周病が進んでいて、年に4～5回歯肉が腫れては当医院に飛び込んできて、お薬を飲んで、ブラッシング指導を受けていました。しかし、腫れがひいてしまうとすぐに通院しなくなり

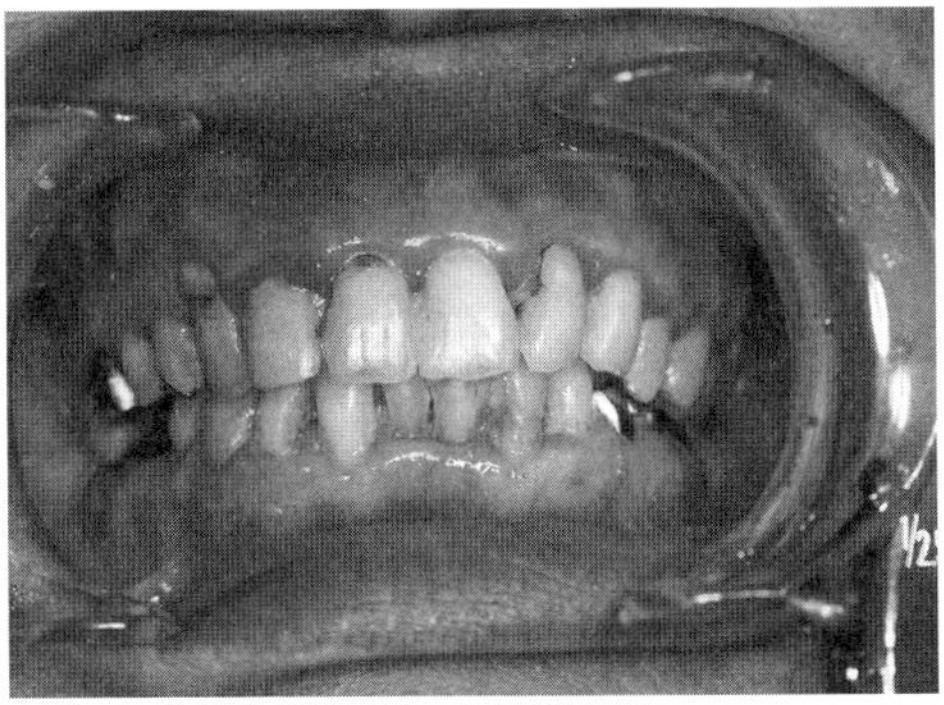
＊年に4、5回歯肉が腫れるケース（40歳・女性）。

ます。

そこで昨年、ついに脅し作戦を実践することにしました。美人でおしゃれな彼女に、このままでは近い将来前歯が何本も抜けてしまい、非常に見た目が悪くなることを強調したのです。そして、この歯を残すためにはしっかりと通院することと歯磨きをすること、そして食生活を見直さなければいけないことを懇々と説明しました。

さすがにこれには彼女も参ったようです。その後は、予約通りにしっかりと通院して下さるようになりました。さらに、幕内先生の『虫歯・歯周病予防の食生活』を読んでいただいて、ご自分の食生活についての考察をしていただいたのです。

以前から、この方はブラッシングだけの問題ではないなと思っていましたが、聞くと、とてもパンが好きで、毎日お昼ご飯はパンとのこと。甘い菓子パンが特に好きらしいのです。早速、3度の食事にご飯を食べていただくことと、和食の大切さ、噛むことの大切さを説明してから、帰っていただきました。

その後、彼女の口腔内がメキメキと変わったのは当然です。歯肉は引き締まり、ほとんど腫れることもなくなりました。もっともすばらしい変化は、彼女が積極的に治療しようという意欲を持つようになったことです。来院のたびに食事について質問をしたり、ブラッシングについて指導を受けたりと真剣そのもの。彼女の歯は、もう抜けることはないでしょう。

この方に似た例をもう一つあげておきましょう。ある50代の女性から、5、6年ぶりに電話がありました。昔から歯磨きや治療には熱心で、口の中はきれいな状態の方でしたが、久しぶりの電話で「先生、歯磨きしたら血が止まらなくなっちゃったけど、どうしよう」と言うのです。

すぐに来院していただき、彼女の口の中を拝見すると、確かに腫れて真っ赤です。「すごく上手な歯磨きをしていたのに、どうしたの？　何を食べたのよ」と聞きました。

こういう方は、缶コーヒーを1日に7本、8本も飲んだりしません。主婦の感覚では、1日に1000円も飲み物にお金を使えませんから、お昼のテレビ番組や、人から聞いた話で得た知識で、偏ったものを食べ続けることが多いようです。

この方もそうでした。きっかけは、2年前に町の健診で、コレステロールと中性脂肪の値が高いから、いますぐやせなさいと診断されたことでした。お友達に相談したら、「ご飯を止めてパン食にすればやせる」と言われたそうです。それを鵜呑みにして、この2年間、1粒もご飯を食べないでがんばったそうです。

毎日、3度の食事はすべてパン。おかずは、ジャムやヨーグルト、ドレッシングのかかったサラダ、その上お砂糖が入ったコーヒーを飲むというメニューです。その結果、2年後に歯茎からの出血が止まらなくなってしまったのです。ちなみに、「それで体重は減ったの?」と聞いたら、「先生聞いて〜。それが太ったのよ」。

こういう場合はブラッシング指導なんてしません。

「わかりました。今日から食事をすべて和食にしてください。主食はご飯だけ、パンは絶対食べないように」

すると、1週間後に電話があって、「先生! 血が止まって歯茎が

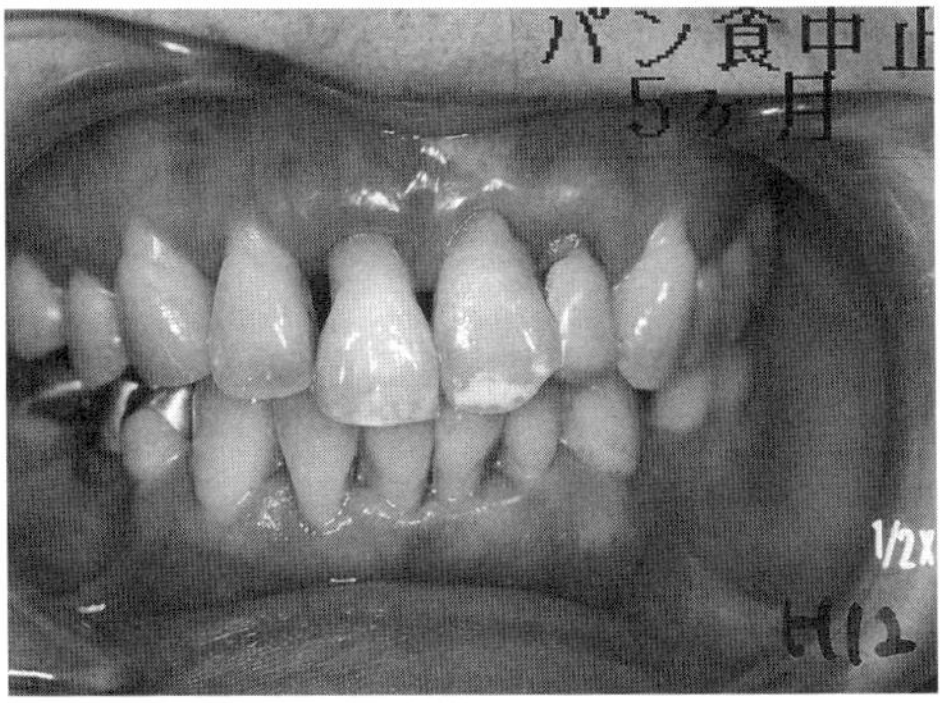

＊パン食を止めて5ヶ月目の状態

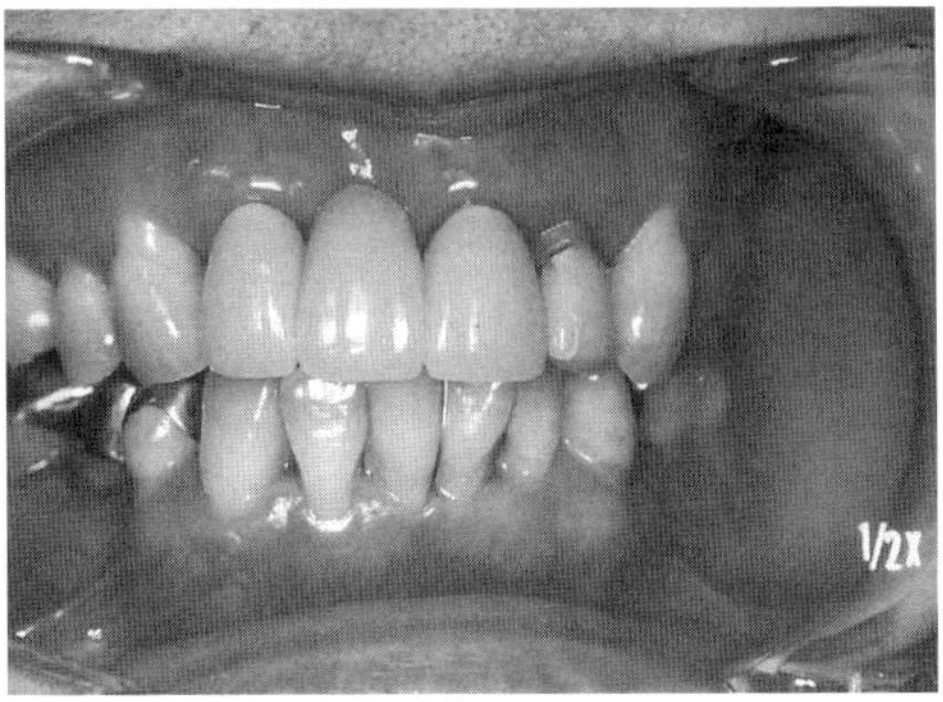

＊歯肉は引き締まり理想的な状態に。

キレーイになったから、予約を取ったけどもう行かなくていい？」ですって。それからは1度も当院にはいらしていません。

ほかにも、パンによる被害例は多く、あげたら切りがありません。

定年退職をしてしばらくしたら、歯がガタガタになった男性がいます。この方は、それまでは3食ご飯だったのに、定年後、朝ご飯をパン食にしただけでみるみる虫歯になり、とうとう歯が1本折れてしまったのです。独り暮らしにも多い例で、「朝は簡単だから、パンとコーヒー牛乳」などというスタイルの方は、非常に危険な状態です。

これらの例でもわかるように、大人でも、パン食やコーヒーが歯や歯肉ひいては体の健康に悪影響を与えるということを、まったく知らずにいるケースが多いのです。確かにご本人にも責任はありますが、私を含めた歯科医師があまりにも「食」について知らな過ぎたのも原因だという見方もできます。いえ、もっと正直に言えば、対症療法にばかり走り、本来の医療の根本であるべき、原因の除去と再発の予防を怠っていたのです。

もちろん、病気の原因はすべて食事にあるわけではありません。しかし、食生活を正すことが病気の治癒に大きく影響するということは、経験上はっきり言えます。そしてそれは必ずほかの病気の予防にもなるはずです。患者さんには、こういうことを毎回しつこいほどに話しています。しかし、それでも伝わらない場合もやっぱりあります。

たとえば、開業当初からいらしてる患者さんがいます。この方は、何度言っても食が改められない人でした。肉が大好き、お菓子が大好きだから、歯茎が腫れて噴火口のように膿が出ています。歯は常に動いてグラグラ。この状態を見るたびに、「いまは歯だからいいですよ。でも、ほかの取り返しのつかない病気になったら大変なんですから」と忠告していたのですが、それでもそのままの食生活を続けていました。

数年後、その方は42歳で脳梗塞で倒れてしまいました。お子さんはまだ小学生、帰らぬ人になりそうだったところを、かろうじて手術で一命を取り留めたとのことです。

このように、お口の中というのは、その方の体の危機も見えてきます。全身が元気で健康な場合はお口の中もいい状態ですし、逆の場合も同様です。ですから、口の中はボロボロだけど体はピンピンという人はいらっしゃいません。逆に、口の中はピカピカだけど体はボロボロという人もいません。

口の中は、体の中をすべて映してくれているのです。

とにかく噛む！　健康な口腔とは

88歳まで1度も治療したことのないおじいちゃんが、お孫さんにつきそわれて「先々の予防も兼ねて、1度診てほしい」と来院されました。見事、32本すべて揃っていて、虫歯など1本もありません。おまけに何の病気もないとのこと。思わず、こう聞いてしまいました。

「おじいちゃん、食べ物では何が好きなの？」

「んだな、おりゃあね、皿の上に乗っているものは何でも食うなあ」

「何でも食うって？」

「和食なら何でも食う。まあ、何がみんなと違うかといえば、皿に乗っているものは、たとえ鯛の尾頭付きであっても骨も頭も全部、噛んで食べるんじゃ」

何でも食べると言うのは好き嫌いがないという意味ではなく、全部よく噛んで食べていらっしゃるということでした。それが俺の健康法だと言うのです。ご自身の元気さが、噛むということの効果、大切さを教えてくださっていました。

そのおじいちゃんは、92歳で亡くなる前の日まで畑に出ていたそうです。前の晩までしっかり働いて、しっかり食べて床につき、眠ったまま朝亡くなっていたということです。お孫さんが、涙しながらも嬉しそうに、「おじいちゃん、本当に元気で亡くなりました」とおっしゃるのを見て、私はこう気づいたのです。

「健康というのは、いまの状態だけでなく、結局、健康なままで死ぬことなんだ。最後の最後まで元気で働いて、ぱたっと死ねることの素晴らしさ……。そうか、目標は健康で死ぬことなんだ」

それからは皆さんにもそうお伝えしていますが、いまはなかなか健康なまま死ねません。私は在宅診療にも出かけますが、往診すると皆さん管につながれて、60歳くらいから動けなくなっている人もいます。そのような状態のまま長生きしても、何も面白くありません。ですから、日々の食生活に気をつけて、健康で死にたいものです。

どんなものを食べればいいの？

では、実際にはどんなものを食べればいいのかということで、私自身が実験をしてみました。次のページの写真はすべて私の口の中です。昔から甘い物が大好きだったということは前に述べましたが、奥歯のほうは結構虫歯があってあまりきれいではありません。で

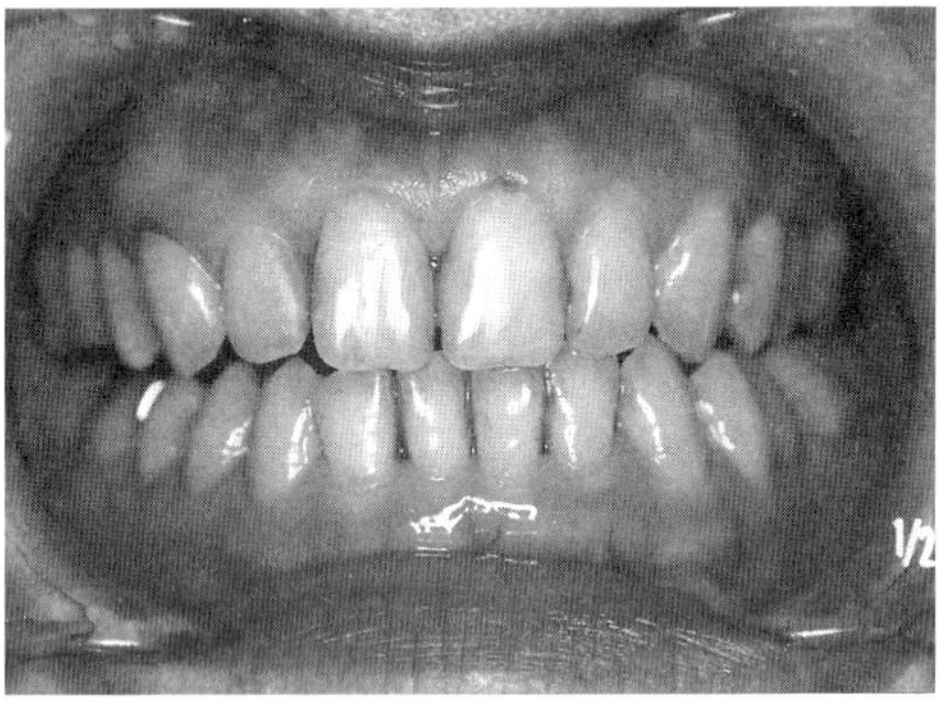

＊筆者の口の中。虫歯の治療跡はあるが歯茎は立派なもの。

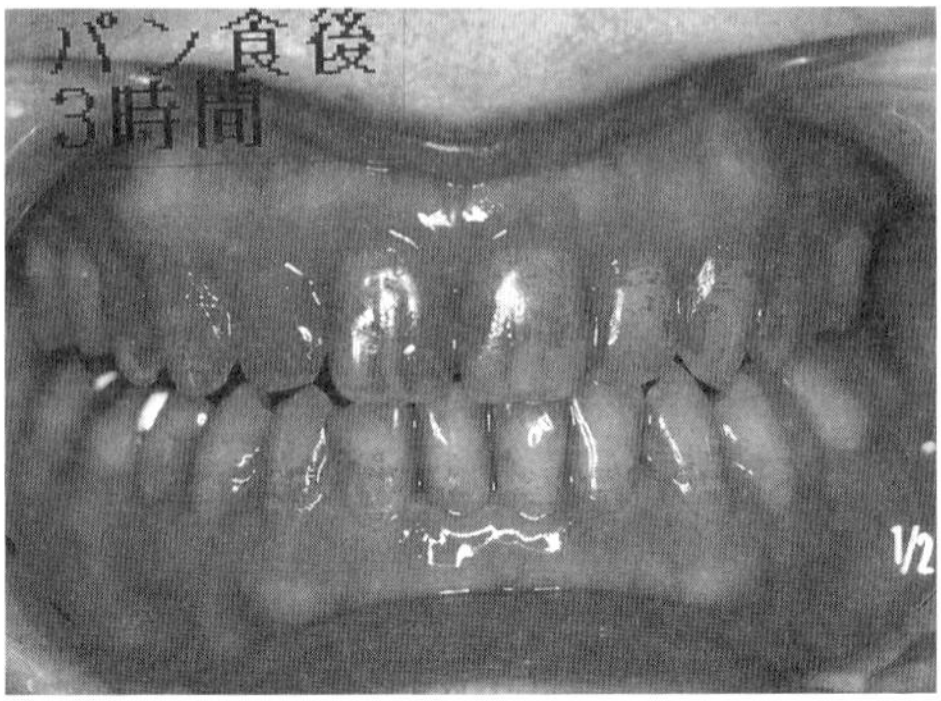

＊パン食の3時間後、染め出し液でバイ菌を染色すると……。

も、歯茎は、私より力のある方はあまり見たことがないくらいです。

今回の実験は、近くのスーパーマーケットで手に入る一般的なパン、ラーメン、そして玄米と味噌汁を食べた後にそのままの状態にしておき、各々どの程度、歯にバイ菌が付着するのか調べたものです。検査には、歯に付いたバイ菌に反応すると赤くなる染め出し液を使いました。

まず、パンを食べて3時間磨かずに我慢しました。そして染め出し液で汚れの付着具合を見てみました。すると、口の中にバイ菌がワーーッと繁殖していることがわかります。

次はラーメンを食べてみました。ラーメンそのものはつるつるっと食べられるのに、やはり口の中にバイ菌が繁殖してしまいます。バイ菌が歯にくっついている感じです。

ところが、玄米と味噌汁の場合は、ほとんどバイ菌がつきません。和食だけにすると、歯だけでなく様々な面でいいので、とにかくご飯を食べていれば間違いありません。

　私だけではサンプルが足りないかもしれないので、お猿さんでも実験してみました（日本歯科大学新潟歯学部歯周病科による）。栄養バランスを考えたすべての食べ物、たとえばリンゴや人参をミキサーにかけて、１日３度の食事すべてに与えて３ヶ月経つと、ベッタリと汚れがついて歯茎もボコボコになり、出血しています。１年半経つと、歯石や出血など、口の中はとんでもないことになりました。かわいそうなお猿さん。

　こんなものを食べている人はいないとお思いでしょうが、実は今の若い人は、そっくりなものを食べています。手軽なバランス栄養食と呼ばれているゼリー状のものや、固形のものとか、そういうものを食事代わりにしている方が山ほどいます。牛乳をかけたシリアルも同じ結果を招

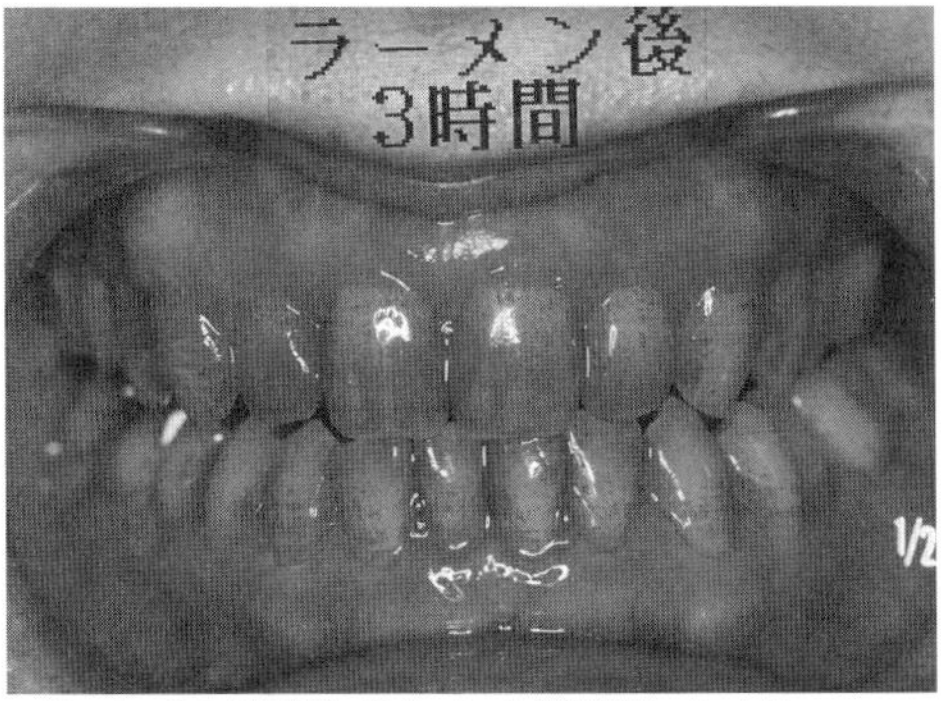

＊ラーメン食の3時間後、染まったバイ菌が歯にべっとり。

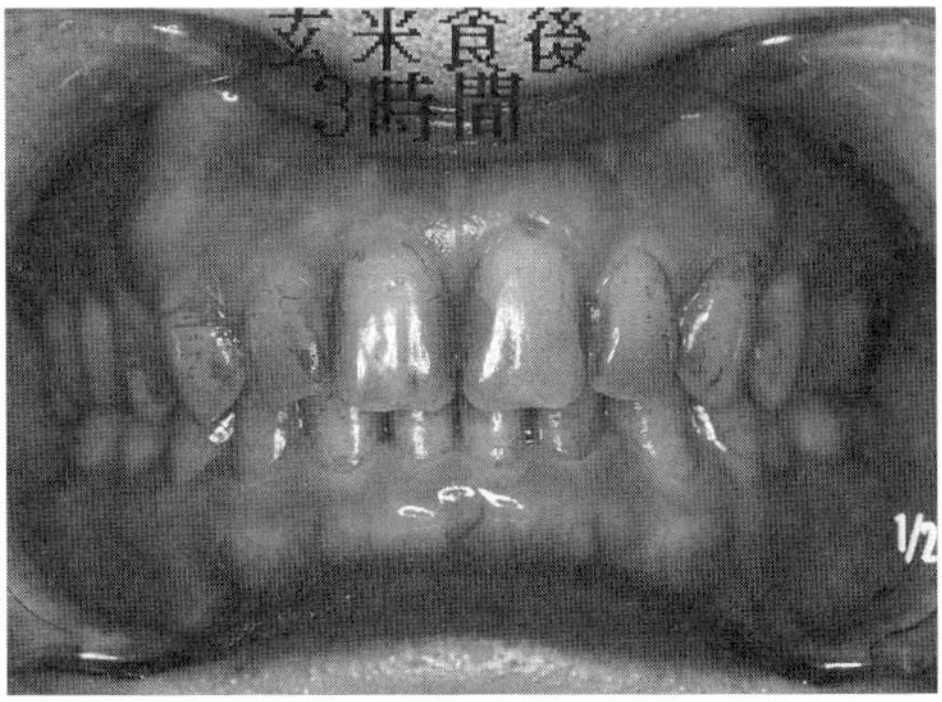

＊玄米食の3時間後、歯にバイ菌はほとんど付かない。

きます。

一方、形のあるものを食べさせ続けたもう1匹のお猿さん。リンゴならリンゴのまま、人参なら人参を噛んできちんと食べました。内容と量は、先のお猿さんとまったく同じです。

その猿の歯は1年半経ってもほとんど汚れていません。ブラッシングの必要もなく、何の問題も生じないのです。私が実験した玄米と味噌汁という日本の伝統的な食事でなくても、「噛む」という行為がいかに大切かおわかりいただけたと思います。もちろん伝統食なら理想的です。

ご参考までに、私が普段作って食べているものをご紹介します。分搗き米に雑穀が入ったもの、実だくさんの味噌汁、葱味噌や大根葉のふりかけ、浸し豆や揉み漬け。ひと昔前の日本ならどの家庭でも当たり前だった献立ですが、現代の若いお母さん方は作れない方も多いようです。

私は、そういう状態はまずいと考えて、歯科医なのになぜか料理教室もやっているのですが、そこでお教えすると、うちの子、初めて漬物を食べました」なんておっしゃるお母さんも少なくありません。

口内の構造が示す最適な食生活

続けて、ヒトである人間は何を食べればいいのかを、歯の構造からも考えてみます。前歯2本＝切歯は、野菜を切る歯です。犬歯は、肉などを食いちぎる役目があります。臼歯は、文字通り臼のように穀類をすり潰す歯です。人間の歯は、どちらかと言えば馬や牛に近く、よくすり潰して食べる形になっていますので、肉などには決して向いていません。穀類をいっぱい食べろ、と体の構造自体が言っているのです。「正しい食事」に関しては、次の章でより詳しくご説明します。

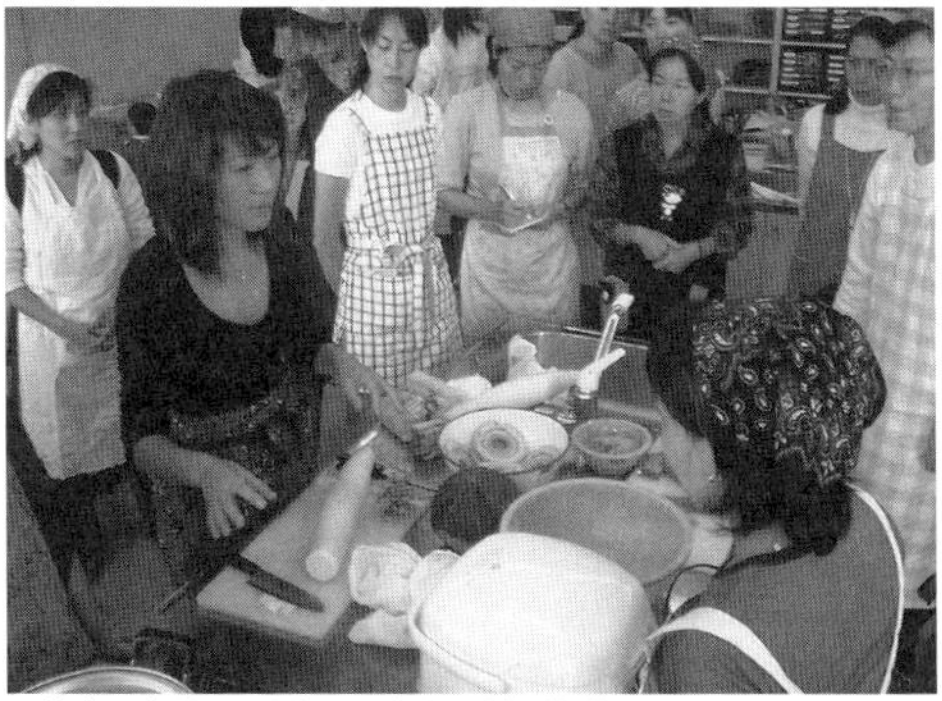

＊筆者は歯科医の立場から各地で料理指導をしている。

正しい歯磨きはやっぱり大切

これまで食生活の大切さをご説明してきましたが、やはり毎日の歯磨きも欠かせません。

私が開業している新潟県西山町は人口が６６００人です。住民の方々にかれこれ16年も講演しているので、住民は私の話を何度も聞

＊地元の小学校で全校生徒を対象にしたブラッシング指導。

＊給食を一緒に食べて食べることの大切さも指導する。

かされています。子どもたちも歯磨きの大切さはイヤというほどわかっているはずなのですが、それでも、きれいに磨けている子は多くありません。そういう子には、染め出し液で、口の中のバイ菌を染色して汚れているところを見せることにしています。

それから、お母さんを呼びます。「見てください、この口の中！」と言うと、お母さんは恥ずかしいものですから、お子さんに「だから言ったでしょ××!!毎日磨きなさいって言っているのに磨かないから、先生に叱られて。お母さん恥ずかしい！」と、お子さんに責任を押し付けるのが常です。ところが、そういうお母さんにも染め出し液を試していただくと、必ずといっていいほどよく磨けていないのです。

「お母さん、見てください。お子さんのこと言えないですよねえ」

ご自分がそんな状態で、子どもに歯を磨けと言うのは無理な話です。まずは、家族できちんと磨くこと。歯と体の健康は、やはりそれが基本です。

このような考えで、多くの学校で指導をしていますが、小学校などは、毎年2回、当医院のスタッフが全員うかがって全校生徒のブラッシング指導を行っています。さらに、給食を一緒に食べて、食べるということがどんなに大事かということを教えているのです。歯と体の健康は、とにかく予防！　ということです。

健康への近道

どんなに良いことをしても三日坊主では予防になりません。甘い清涼飲料水を控えて、なるべく噛む食事をするにしても、毎日続けてこそ意味があるものです。

私の場合は、あまりにも病気が酷かったものですから、一度くじけても何とか続けることができましたが、それは、痛い手術から逃れる、両手一杯の薬を飲みたくないという理由からでした。ですから、大人になってからでも玄米と野菜中心の食習慣になったのだと思います。

先ほど、歯がボロボロになったり、歯肉が腫れてしまった事例をあげましたが、あの患者さんたちも私と同じく、ほかに手の施しようがないから食習慣を変えられました。大人になると、あのような状態にならないと普段食べているものを変えようとしません。

どなたも経験があると思いますが、何かの雑誌の特集を読み、○○ダイエットや××健康法を試しても1ヶ月と続かなかったのではないでしょうか。○○や××には、ただ一つの食品に偏る傾向があり、目新しさだけを狙ったものが多いので手を出さないほうが身のためですが、良くも悪くもある程度続けないと効果は見えないものです。

また、健康のために無農薬や無添加の食品を買い求める方もいるでしょう。結構なことだと思いますが、割高ですし、近くのスーパーでは品揃えが少ないので遠くの専門店に買いに行かなければならないとなると、経済的にも時間的にも負担が大きくなります。健康のためにストレスを貯めては元も子もありません。農薬を使用したものは良く洗って使うことを心掛けるほうが案外、健康への近道かもしれません。

幕内さんが第3部で詳しく述べられていますが、もし無農薬・無添加を気にするなら、毎日食べているパンに使用される小麦のポストハーベスト農薬をまっ先に気にしてください（パンの中の農薬は洗い流せません！）。お米にも農薬が使われているものがありますが、収穫後に振りかけられるポストハーベスト農薬に比べれば、雨風に洗われているので人体への影響は圧倒的に少ないのです。

先ほど、人間の歯の構造について触れたところで、「穀類をいっぱい食べろ、と体の構造自体が言っているのです」と書きましたが、こうした歯医者の視点も含めて、健康への本当の近道は体に合った穀類、日本人ならお米を食べることだと考えています。もともと主食ですから、無理なく毎日食べられます。自然とおかずもご飯に合うものに変わりますから、ゆっくりですが一歩ずつ確実に健康に近づくはずです。

もっとも簡単な健康への近道は、
ご飯中心の食事に変えることです。

3 歯から考える健康十ヶ条

ここまでずいぶん同じ内容のお話を繰り返してきましたが、私が病気を克服してきた経験と多くの患者さんを治療してきた実績から言えるのは、「もっとも簡単な健康への近道は、ご飯中心の食事にすること」です。

小さな子どもを持つお母さん、お父さんは、毎日薬を処方するようにお料理をして、お子さんを健康にしてあげてください。

インドには、「薬はその家の台所にある」という言葉があるくらい、食べ物は人間の健康にとって大切です。食べ物を疎かにすると若い頃の私のように必ず病気になり、苦しい思いをしなければなりません。お腹に四つも傷のあるようなお子さんにしないよう、保護者の方々が気をつけてあげてください。

家族の健康を守るために家庭で心掛けてほしいことを、わかりやすく十ヶ条にまとめてみました。

1　ご飯をきちんと食べる
主食をご飯にすれば、おのずと良い食生活に近づけるはずです。いろいろ、難しく考える前に、まず、ご飯を山ほど食べるようにしてください。

2　液体で満腹にしない
ジュースや甘い飲み物で満腹になると、子どもは絶対にご飯を食べてくれません。お子さんにご飯を食べてもらうよう、カロリーのある液体は控えめに。

3　未精製のご飯を食べる
白いご飯よりは、玄米、分搗き米など、精製度の低いお米のほうがお勧めです。そのほうが良く噛みますし、栄養もたくさんとることができます。

4　白砂糖の入った食品は食べない
できれば、煮物などにも使わないほうがベストです。

5　副食は季節の野菜を中心にする
季節のものばかりで十分です。そうすると同じ野菜が続いて栄養が偏るのでは？　というご質問を受けますが、季節が変わればまた別の野菜を食べますから問題ありません。

6　動物性食品は控え目にする

油脂分を大量に摂取することは、最近増加している子どもの肥満の原因になります。

7　揚げ物は控え目にする

基本はご飯ですから、あまり重いおかずは邪魔になります。

8　発酵食品をきちんと食べる

ヨーグルトをせっせと召し上がる方も多いのですが、ヨーグルトは〝ブルガリア人〟が食べるものです。日本人の発酵食品は味噌、醤油、糠漬け、そういった昔ながらのものです。

9　できる限り安全な食品を選ぶ

国産小麦・天然酵母で焼いた何とか窯のパンなどを「安全だから」とどんどん召し上がる方がいますが、優先順位は和食にすることです。安全を意識するのはその後です。

10　食事はゆっくりと良く噛んで

まったくお金がかからなく、一番効果的なのがこれです。とはいえ、子どもは「良く噛みなさい」と言っても噛んでくれません。そこで、噛まなければどうにも飲み込めないもの、そして、なおかつ噛んでおいしいものを、なるべく献立に入れることです。難しいようですが、昔の献立を思い出してください。ご飯、味噌汁、漬物を基本にしたおかずをお勧めします。

子どもの意識改革を！

これまでも、多くの患者さんの食事指導をしてまいりましたが、ふだんの食生活を変えるというのは至難の技です。結局、この十ヶ条の基本になっている、ご飯中心の食事に変えていただくことが、もっとも簡単な健康への近道です。

私は、幕内秀夫さんが代表を務めている「学校給食と子どもの健康を考える会」に入っています。日々、大人の患者さん、親御さんにせっせと指導しても、どうしても追いつかない部分をどうすればいいのかと考えた幕内先生が、「まずは子どもの意識改革を」と思いつかれたのがこの会の発足につながりました。

私も、多くの方々の口の中を見て、様々な治療や食事指導をしてきた経験から、学校給食を通して子どもたちの「食」に関する意識改革をすることは実に有意義なことだと信じています。

学校給食で本物のきちんとした和食を子どもたちに毎日食べさせて、そのおいしさをわかってもらい、元気な子どもに育てようというのが基本方針です。会について興味をもたれた方は、236〜237ページをご覧ください。

繰り返しますが、私はとにかくいっぱい病気をしました。でも、こんなに健康になれたのですから、もし、いま、病気の方でも、きちんとした方法を選べば必ず快方に向かえると思います。ですから、あきらめないで、食事で皆さん健康になってください。小さい子どもをもつお母さん、お父さんは、ご家族の幸せとお子さんの将来のために、正しい食事を処方してあげてください。

大人も意識改革を！

最後に、私が所属している「学校給食と子どもの健康を考える会・新潟支部」の活動についてご紹介します。新潟支部では、米どころだからこそ、子どもたちに地元のお米を毎日食べさせたいという思いで、完全米飯給食を広める活動をしています。

代表の幕内さんの講演会は、最近の4年間、県内だけで100回位にはなるのではないでしょうか。「ここから給食を変えたい」という強い気持ちが行動に表れた結果です。

講演会のメッセージはマジメ、でも表現の仕方はけっこうカゲキです。たとえば、一昨年になりますが、作家の志茂田景樹さんを招いて、「元気！　カゲキ！　ちょう本気！」というタイトルの会を開いたりしました。聞きに来てくれる方々は、小さな子どもを持つお母さん、お父さん、それから学校関係者が多いようです。

学校給食の活動と聞くと、どうしても堅苦しい印象になりますが、そもそも私も幕内さんも、ほかの支部のメンバーも、「子どもを健康にしたい！」という思いは一つですが、個性はバラバラです。ですから、講演会もちょっと風変わりなものになるのでしょう。

講演会は効果も抜群です。新潟県内でひらかれたあるシンポジウムで、三条市の市長がいらしていることを知った幕内さんが「週に何度も給食でパンを食べさせて、どうやって子どもの健康と農業を守るのか具体的な案をあげてみろ！」とケンカをふっかけたのです。市長も相当の人物です。「じっくり語り合おう」と幕内さんを自宅に招き、遅くまで子どもたちの健康について、新潟の農業について語り合ったそうです。しかも、飲んで終わりではなく、その後、三条市では給食のパンがゼロになりました。このように、たった一度の講演会で、大きな市の小学校すべての給食が完全米飯給食になることもあるのです。

子どもたちの食の環境を変えて、意識改革をしてあげられるのは大人です。皆さんも、子どもの健康を真剣に考えて、一緒に行動してみませんか？　お待ちしています！

第3部

だから、いまこそ完全米飯給食

幕内秀夫

学校給食は最高の「食」教育の場です。

1　理想の学校給食をめざして

家庭の食生活を嘆いても何も変わらない

私は年間１００回の講演会と50冊の本を書いても日本の食生活が変わらないことを身をもって知りました。しかも私はインスタント食品世代なので、それほど長生きするとは思えませんから、あと20年がんばったとしても、私の本や講演会で出会う人は、日本人の0・01％に過ぎないでしょう。

それに対して、給食は99％の子どもが食べるのです。子どもの健康を真剣に考えるならば、給食を変えるしかないと悟ったことは前にも触れました。

また学校給食には法律があり、教育の名のもとに実施している食の教育が学校給食です。本当にこれからの子どもたちの健康を考えたときに、給食を抜きにしては語れません。

昭和30年代から給食が担ってきた役割は、子どもたちにパンを食べさせ、ご飯を食べない子どもをどんどん養成してきたことでした。農家の人が一生懸命に米を作っても足りないほど、みんなご飯を食べていたのに、パン食を学校で教え続けてきたのです。栄養学者が「ファーストフードばかり食べてはいけない」「マクドナルドはけしからん」などと言いますが、悪いのはマクドナルドではなく、これまでの給食です。そして、子どもに「ご飯を残してもいいからおかずを食べろ」と言ってきた人々なのです。

学校給食という食の教育の場を利用して、先生や栄養士が子どもたちにパン食を50年間も教えてきたのです。それなのに、何をいまさら「ファーストフードがいけない！」でしょうか？　ファーストフードを呼び込んだのは学校給食です。

もともと50年前にパンを食べる家庭はめったになかったのですから、現代の日本人に「パンの味をどこで覚えたの？」と聞けば、多くの人が「学校給食」と答えるはずです。

最大の矛盾

日本の政府は、米の消費拡大をめざして「お米をもっと食べましょう」と宣伝するために、昨年は40億円以上(そのうちテレビ番組の制作に10数億円)も使いました。銀座など人の集まるところではお米の入った袋を配ったりもしています。通行人は喜んでお米のサンプルをもらって帰って食べるでしょうが、次の日からはまたパンに戻るので効果はゼロに限りなく近いと言えます。

このように大きな予算を宣伝費に投じる一方で、現在、全国の小中学校で米飯給食は週5回のうち2・9回しか実施していないのに、米飯給食の導入を支援する予算が2000年に廃止されたことは先ほど述べた通りです。

相変わらず給食全体の40%の主食は輸入小麦粉で作ったパンです。このような現実を目の前にしながら「食育が大切」などと恥ずかしげもなく言っている人々が全国各地にたくさんいます。

いい加減にしてくれ、と私は言いたい。いくら暇で予算を使いたくてしょうがない人でも、なぜ学校給食で4割も子どもたちに輸入小麦を食べさせ続けられるのでしょうか？

子どもたちが給食で食べさせられているパンとは一体、どういうものなのか、その実態がわかっているのでしょうか？

パン食の危うい安全性

パンは、あまりにも当たり前に口にしているものなので、パンに問題があると言われると不思議に思う方も多いのではないでしょうか。

私たちは毎日口にする食べ物に含まれる添加物も、農薬もできる限り減らしたいと考えています。そのためのもっとも簡単な方法がご飯を増やすことなのです。

ご飯はいくらでも増やせるのにもかかわらず、「ご飯を増やそう！」というのは、農業関係者だけで、結果として米の消費は増えません。

かつて日本人は、1日にお茶碗で8〜9杯もご飯を食べていたのに、いまでは2〜3杯程度になってしまいました。なぜでしょうか？　それは農業関係者が「ご飯を食べよう」と言っても「パンを止めよう！」と言わないからです。

私がパン給食を止めろと言うのには理由があります。それは、パン食そのものに三つの大きな問題点があるからです。そして、子どもには胃袋が二つも三つもないので、ご飯を食べる機会を増やすためにはパンを止めるしかないのです。では、まずパン食の三つの問題点をあげていきましょう。まず安全性に問題があります。

•学校給食のパンに使われる小麦粉に神経毒性のある殺虫剤が大量に残留している。

•あらゆるパンの中でももっともひどい残留農薬。

•食品添加物がどれだけ使われているか見当もつかない。

あらゆるパンの中で残留農薬がもっともひどいのが、学校給食のパンです。使っているのは、ポストハーベスト農薬といって、収穫した後の小麦を輸送するときに蒔く農薬です。生育中に蒔く農薬は雨風である程度洗い流されるものですが、ポストハーベスト農薬は食品にダイレクトに混入します。

しかも、給食の予算は限られていますから、等級の低い、農薬のかかった小麦の外皮に近い部分が使われています。

なぜ、そんなに無理をして危険性の高い安い小麦を買って、子どもたちにパンを食べさせ続けるのでしょうか。米粒ならば、添加物は最初から入っていないのに……。

また、パンと一緒に食べる、マーガリン、バター、マヨネーズなども食品添加物が使用されています。

食品の内容物表示に騙されてはいけません。というのも、パンの中に入れられた添加物は表示義務がありますが、製造する過程で使用された食材(小麦、油、ショートニング、バターなど)に入っている添加物について表示義務はありません。

パンは、食べるならば相当きちんと選ばなければ「食品添加物」だらけだということを知っておいてください。

パンの2番目の問題点は、パンを食べると油だらけになる、ということです。

パン食にすると油脂だらけ

パンを食べると油だらけになるとはどういうことでしょうか？　ここで指す「油」とはバターやマーガリンに含まれる油脂のことです。なぜ油脂だらけになってしまうのでしょうか？　それは……。

- パンは水分が約30％。
- 必ずバターかマーガリンを塗って食べる。
- おかずは野菜炒め、サラダ、ハムエッグ、オムレツ。
- 一緒に飲むのは牛乳、シチュー、スープ。

つまり、パンは「でんぷん質」の供給源ではなく、「脂肪」の供給源になってしまうということです。パンは水分がたったの3割ですから、大人以上に水分を必要とする子どもにとってパンは食べにくい食べ物なのです。

子どもは、大人以上に口の中でパンがバサバサに感じられるので、油脂で口の粘膜をコーティングしないとおいしく食べられません。だからマーガリンやバターをたっぷり塗りたがります。

冬は気温が低くてバターが硬くなり塗れないと苦労している人は、パンに塗るから苦労するのであって、口に直接塗ればすぐ溶けるから試してみてください。「冗談でしょう?」と思う人は、「クロワッサンになぜバターを塗らないのだろうか?」を考えてみてください。クロワッサンは、口に入れた瞬間に口の中が油脂だらけになるから塗らなくても食べられるのです。

コロッケパンやドーナツにマーガリンを塗っている人はいません。これも口に入れたら油脂だらけだから、それ以上塗る必要はないのです。極端なことを言えば、ラー油を一滴たらしてもパンはおいしくなります。味は合うかどうかは知りませんが、ごま油でも同じくおいしくなります。

このようにパンを食べると、まわりのものが油脂類だらけになってしまいます。同じほうれん草を食べるにしても、パンにほうれん草のおひたしをのせて食べる人はいません。パンを食べる人は、ほうれん草をバター炒めにするでしょう。

パンを食べる人はサンマの塩焼きも食べません。パンに合うのは、ツナ缶と白身魚のフライですから。パンに合うのはすべて油脂です。

結局、パンは油脂の供給源ということが言えます。私から見れば、ヨーロッパのいいパンでも、貧しいような気がします。1年間ずっと野菜が一緒というように、パン食は副食も貧しくなる傾向があります。

その点、ご飯なら、サンマの季節ならサンマ、マグロの季節ならマグロがあります。パンの人は、ハム、チーズ、ベーコン、いつも一緒です。

これほど豊かな国、日本で食べる食事とは到底思えません。パン食では貧しい子どもに育ってしまってもしょうがないと言えば言い過ぎでしょうか。

私は、お父さん、お母さん、先生、栄養士の方々の食事について書いているのではありません。子どもの健康を考えた食事、あるいは学校給食について書いていることを念のために付け加えておきます。

パン食は食文化の崩壊を招く

学校と家で子どもたちにパンの味を教えてきたから、子どもたちは野菜を食べなくなりました。パンに大根は合いません。ほかの地場産の野菜も油脂まみれにしないと食べられないのは先ほど述べた通りです。パン食の三つ目の問題点は献立がメチャクチャになることです。

・パンには地場の野菜が合わない。
・パンには日本の伝統的調味料が合わない。
・パンには地場の加工食品が合わない。
・パンには季節の野菜が合わない。

つまり、パン食を続けると食文化の崩壊・地場産業の低下・食料自給率の低下につながるのです。たとえば魚のサバが旬で食べようとしても、パンにサバの味噌煮は合いません。醤油も味噌も、ご飯に合う調味料(パンに合わない調味料)の消費量は減っています。

このような変化が、日本の食料自給率を40％まで減らしたのです。これは、成長期の子どもたちにパンを食べさせてきた結果なのです。

社員食堂でパンをだすところはない

それでも、たまにはパンがあってもいいと思う人もいるのではないでしょうか。そんなに目くじら立ててパンを非難しなくてもいいのではないかと考える人もいるでしょう。

私は、そういう方々に対して、「あなたの家族が勤務している社員食堂で、パンが出るところがありますか？」と質問します。

工場でも、スーパーでも、職場でお昼に社員食堂に並んだら、その日の日替わりランチA・B・Cが、ホットドックとサンドイッチとトーストだったとしたら……。大人の男性ならば、たった1日でも許さないでしょう。

私はある大きな企業を舞台にして1日だけの実験を思いつき、実際にやらせて欲しいと頼んだことがあります。社員食堂の食事メニューのアドバイスを無料にすることを交換条件に交渉してみました。

実験というのは、ある日の社員食堂のメニューから一切のご飯をなくし、パンに替えて、社員の方々の反応をビデオで撮るというものでした。いろいろな表情を撮って講演で使いたいとも思っていたのですが、直前になって中止になってしまい実現しませんでした。

担当者によると、社員食堂は毎日1000人もの社員が利用するので、「たった1日でも冗談では済まない」ということでした。

それなのに、全国では週4回も冗談のような学校給食をだして平気なところもあります。立派な先生や医療者がそばにいるのに、なぜ黙っているのでしょうか。子どもの健康を真剣に考えているのだろうかと不思議でなりません。

週2回も、3回も社員食堂でパンをだすところは日本中探しても一つもありません。私がここで述べるまでもなく、〃パンの正体〃は、みなさんが証明しているのです。

理想的な米飯給食

これからいくつか幼稚園や保育園の理想的な米飯給食の実例を紹介しましょう。

埼玉県にある保育園のある日の献立は、分搗き米のご飯に味噌汁、漬物、野菜、コロッケ、ひじきの煮つけが並んでいます。間違ってもご飯の隣に牛乳が並ぶことはありません。家庭の食事と一緒です。この保育園ではパンはでません。

＊埼玉県熊谷市にあるくるみ保育園の献立。

＊愛知県岡崎市にある蓮華の家共同保育園の献立。

愛知県にある保育園にもパンはありません。もちろん魚の横に牛乳が並ぶこともありません。

大阪府住之江区の幼稚園は、私たちが指導したところですが、分搗き米と味噌汁、きゅうりの糠漬けと魚です。ご飯はもっとも大切ですから、精米機で搗いています。精米機で搗くと、糠が出ますから、その糠で野菜の糠漬けを作っています。

新潟にある幼稚園では、おひつを使っていて、献立はご飯と味噌汁と魚と野菜です。ここにも牛乳はないし、パンもありません。

これらの献立を見て驚かれる方もいるかも知れませんが、幼稚園の給食と思わないで、ひと昔前の日本人の食卓だと思えば普通のことなのです。

✱大阪府住之江区にあるきのみむすび保育園の献立。

いまあげたところはどこもテレビに何度出たかわかりません。韓国の国営放送のテレビにまで紹介されたことがありますが、喜んでばかりはいられません。考えてみれば、ご飯と味噌汁と漬物を食べるとテレビに出る国に日本はなってしまったのです。それほど日本の給食はズレているということです。日本は不思議な国になってしまったと思わずにはいられません。

地元の米を食べる小学校

高知県南国市にある小学校では完全米飯給食を実施しています。４年前に小学校の栄養士だった甲藤温子さんに初めて会ったときには、献立にパンもありましたが、当時の西森善郎教育長が、「生徒の親やおじいちゃんが米を棚田で生産して減反で苦しんでいるのに、子どもたちはパンを食べ、米も地元の米ではなく政府米だ。こんなことでは農業が守れない！」と立ち上がりました。

西森教育長と甲藤さんは、最初は地元農業への思いからスタートしましたが、同時に子どもの健康のことも配慮して小学校の給食をすべて地元の米にしたいと考えました。

ところが、南国市は暖かい地方で稲作は棚田ですから、とれるお米はコシヒカリではありません。それまで炊飯業者が炊いたご飯を持ってきていましたが、地元のお米では炊き立てでないと味が落ちる心配がありました。

子どもたちに炊き立てのご飯を食べさせたい。そこで業務用の炊飯器を導入したのですが使ってみると重く、調理士の腰痛の原因になるという意見が出はじめ、また壁にぶつかります。ならばと、甲藤さんが、重くないのは電気釜だと思いついたところが素晴らしいアイディアでした。

この小学校では、調理室で炊飯したものを電気釜に入れて教室にもってくることにしました。そうしたら、ご飯が炊き立てだからおいしいと子どもたちに大好評です。お米の銘柄は関係ありません。子どもたちはそれまでの2倍は食べるようになり、地元の農家も大変喜んだそうです。

4年前に私が南国市に行ったときは、完全米飯給食に取り組みはじめたのはたった一つの小学校でしたが、いまは市内の13校すべてが完全米飯給食を実施しています。ですから、南国市の小学校には電気釜が市内で257台もあります。

この広がりに地元の農家のみなさんが喜び、学校に味噌を提供してくれました。また、農業高校の高校生は、「飲んでくれ」と自分たちが作ったお茶を小学校に配ったそうです。これが「地産地消」であり、「食育」なのです。

日本でお米が作られているのに、アメリカやカナダの小麦をいまでも子どもたちに食べさせておいて、何が食育で、何が地産地消だというのでしょうか。

高知県の橋本知事は、ちょうど講演会で私と一緒だったときに、高知県の小学校が電気炊飯器を買うと補助金を出す「南国式」を決断しました。

南国市で最初に完全米飯給食を実施したときの栄養士である甲藤さんは、その後、教員免許をもたない日本初の教頭になりました。さらにその後、同市の「食育」のリーダーにまで出世しました。

初めて甲藤さんと会ってから4年後、私と田んぼの横を歩きながら、甲藤さんは「幕内先生ね、私が電気釜を入れた日は雨の日でした。私は、お金がないから教育長と相談して電気釜にしただけなんです。それが4年後にこんなことになるとは思いませんでした」と言っていました。

確かに、電気釜の採用は予算の問題をクリアするための苦肉の策だったのかも知れません。しかし、その結果として、炊き立ての地元のお米を子どもたちが毎日食べられるようになったのですから、やはり評価されて当然だと私は思うのです。

✱熱塩小学校の「まごころ野菜」。生産者の名札付き。

地元の野菜も食べる小学校

福島県に、お米だけでなく、ほとんどの野菜も地元のものを給食で食べている小学校があります。熱塩《あつしお》加《か》納村《のうむら》にある小学校です。

この小学校では毎日、献立に登場する人参はどこの誰べえさんが作ったもの、この大根は誰が作ったものと、給食で食べるものを誰が作ったかを子どもたちに知らせています。これは都会の学校では難しいでしょうが、全国の多くの地域で実践することができるはずです。

毎日、その日の給食に使う野菜を並べて生産者の写真を出して、きょうは誰ちゃんのおばあちゃんの作ったキュウリというように書くのは担当の栄養士も大変です。でも、努力は認められて、１９９７年度に学校給食で文部大臣賞をとったというのも当然の話でしょう。この小学校の給食にも当然、パンは出ません。

小学校では、完全米飯給食にしてから、7年間で1回だけパンの日があったそうです。その前の日は、熱塩加納村にはパン屋はあまりありませんから、子どもたちがそわそわして大変な騒ぎになってしまったそうです。パンは、このように珍しいものとして楽しむのがいいと私は思います。微笑ましい光景ではありませんか。

普段の給食の献立は、地元の農家が学校に提出する、今月収穫できそうな野菜のリスト（供給予定表）を参考にして栄養士が決めています。5月から6月はアスパラガス、6月末から9月はキュウリ……といった具合です。

学校では、先ほど触れた生産者を名札付きで紹介することに加えて、「今日の給食に初物があります」と校内放送でアナウンスもしています。また、旬が終わると「今日、給食で食べる○○は、今年の給食で食べる最後のものです。味わって食べましょう」と子どもたちに呼びかけています。

熱塩加納村の小学校の関係者は、何でこれほど頑張っているのかといいますと、それは、地元でとれるおいしい「さゆり米」と地元の野菜を子どもたちにお腹いっぱい食べさせたいという思いがあるからです。

この思いが大人たちに共通して学校と一致団結しているから、村の人々はみんな小学校の栄養士のことを知っています。おばあちゃんもその子どもたちも栄養士の名前を知っています。

このエピソードが、子どもたちの農業に対する思いを育てる給食になっているかを物語っていると思います。これこそ、「地産地消」であり「食育」なのです。

人間の食習慣は、
8歳までに決まります。

2　完全米飯給食の実態

都道府県別の米飯給食回数

都道府県の米飯給食回数は、回数の多い都道府県から並べていきますと以下のようになります。

1位　山形県、福井県、高知県　週3・4回
2位　岩手県、新潟県、富山県、石川県、佐賀県　週3・2回
3位　秋田県、千葉県、島根県、大分県、宮崎県　週3・1回

一方、平均の週2・9回を下回る地域をあげていきましょう。

ワースト1位　神奈川県　週2・1回
ワースト2位　大阪府　週2・2回
ワースト3位　東京都　週2・4回
ワースト4位　兵庫県　週2・5回

これは2003年5月に発表されたデータですが、たとえば兵庫県は2・5回ですから週5回の給食のちょうど半分がご飯ということです。言い換えれば、まだ子どもたちは半分しか日本人になっていないということにもなります。

つまり、兵庫県ではいまだに、給食の半分は、ポストハーベスト農薬で安全性に問題がある輸入小麦粉を子どもたちに食べさせているのです。

米飯給食の実施校数

次に米飯給食の回数別実施校数を見ていきましょう。米飯給食を週5回、つまり完全米飯給食にしている学校は、1392校(4・4%)です。週4回実施しているのは3209校(10・1%)、週3回は21902校(68・7%)ともっとも多くなっています。平均を下回る週2回は5080校(15・9%)、週1回は280校(0・9%)です。

米飯給食が週に1回の280校では、80%以上が砂糖だらけのパンか、ソフト麺を子どもたちは食べさせられているのです。

私がそれらの小学校がある地域の市長さんや村長さんに会ったら、怒鳴りつけるつもりです。もしも、挨拶で子どもの健康は大事だ、地元の農業も守る、なんて言ったら、「本気で考えているのか？」と面と向かって必ず問いただします。

実際、ある町で講演したときに、私は町長が来ているの知っていたので、「農業は基幹産業なので守ると町長は言うけれど、冗談じゃない。こんなに農家がいるところで、週に2回も3回も給食でパンを食べさせて、どこが農業を守ろうだ？　どうやって守るのか具体的な案をあげてみろ！」と言ったことがあります。

新潟県の三条市では、市長が「うちで酒を飲もう」と声を掛けてきました。家で何時間飲んだでしょうか。じっくり市長と話し、その後、勉強や調査を重ねた市長は、完全米飯給食を実施したらどうなるのかを理解したのだと思います。その後、三条市では給食のパンがゼロになりました。

完全米飯給食になると、地元のパン屋さんはどうするんだとか屁理屈を言う人がいますが、それは学校給食法違反ですからまったく関係ありません。給食でもっとも大切なのは、パン屋さんを守ることではなく、子どもの健康を守り、農業を守ることだと肝に銘じてください。

完全米飯給食の実施には行政の問題もありますが、もし週5回の米飯に来週から替えても法律上何の問題もありません。

ところが、なかなか日本人が当たり前に食べてきたご飯を子どもたちに給食で食べさせることがなかなか進みません。もちろん、政府の支援打ち切りも影響しているでしょうが、私は給食を利用しようとしている人が原因の一つだと思っています。そういう人は都会に多い傾向にあります。

都会のお母さん方は、子どもの教育にとても熱心ですから、騙されている人がとても多いのです。私の講演に多くのお母さんやお父さんが集まるのは、神奈川県、東京都、兵庫県、大阪府です。興味深いことに、熱心なお母さんが多い地域ほど、地元の学校給食のパン食が多い傾向があります。

こういう方々は騙されているのです。勉強熱心なお母さんは、無農薬と無添加に意識が集中してしまいます。しかし、これまで述べてきたように、無農薬・無添加を考える前に、まず給食をご飯にすることを考えるべきなのです。給食がパンである限り、添加物がたっぷり入ったハム、マーガリン、バター、牛乳を子どもは食べ続けることになるからです。

ご飯と味噌汁、納豆、魚の塩焼きを食べていれば、添加物の入る余地は限りなく少なくなります。もちろん、米の栽培にも農薬は使うでしょうが、収穫後にポストハーベスト農薬をかける輸入小麦(国内消費量の91%を占める)で作ったパンとは比較になりません。

新潟県十日町市私立天使幼稚園の献立

私が新潟県で開催した講演会は最近の4年間で約100回に及びました。米どころだというので、まずここからきちんと給食を変えていきたいと思ったからです。県内の10数市町村の幼稚園から小・中学校で米飯給食を増やしたり、パンをなくしたりしました。各地で町長や市長、地元のJAにも直訴してまわったりもしました。なぜ東京に住んでいる私が、このようなおせっかいをするかというと、地元の人では言い難かったりやり難い部分が多いからです。でも変えたいと思う人は多いので、私たちが代わりに行ったり実行したりしたということに過ぎません。

こうして変わっていった新潟県の給食のなかで、一つの例として十日町市にある私立天使幼稚園の献立を紹介しましょう。この幼稚園は地元のテレビでもしばしば取り上げられています。

天使幼稚園には147人の園児が通っています。調理室は園内にあり、毎日、ご飯を中心とした和食メニューの給食を実施しています。ある日の給食は、分搗き米のご飯と煮干を使った味噌汁と何種類かの野菜。次

＊新潟県十日町市にある天使幼稚園の献立。

の日は、栗ご飯にあさりの味噌汁、ごま味噌和え、炊き合わせといった具合です。

この幼稚園の浜本先生は、ご飯に合わないので止めた牛乳のカルシウム分を補うためにお手製のふりかけを子どもたちのために作っています。テレビのインタビューに対して浜本先生は、「苦労してでも、子どもたちが喜んで食べて、『先生おいしかった』と言ってくれるのがすごく励みになる」と答えています。

浜本先生は、以前から給食をご飯食だけにしたらいいだろうなと思っていたそうなのですが、「それは自分一人の勝手な考え」と諦めていました。ところが、たまたま私の講演会を聞き「今までもっていた自分の信念を証明してもらった。なんかわくわくするものがありました。それで、すぐに飛びついた」ということなのです。

ただ、完全米飯給食にすると決めたときには、保護者への説明からはじめるわけですから大変な部分もあります。ここでも、地元の人同士だと言い難いこと、やり難いことがありますから、私が代表を務める、「学校給食と子どもの健康を考える会」の新潟支部のスタッフがたびたび幼稚園を訪ねて、完全米飯給食を導入するお手伝いをしました。

私は、天使幼稚園の給食がとりたてて変わった給食とは思いません。ほかの幼稚園の給食が変わっているのです。

完全米飯給食がいいのか悪いのか、その結果は、たぶん子どもがいきいきと、昔の子どものように、本当に食べることを楽しんでいる姿を見ればわかると思います。

テレビの取材は、幼稚園で日本食だけの給食を始めて９ヶ月後のことで、ちょうど幼稚園では、保護者からの要望で給食の試食会を開催した日でした。和食の給食を食べた保護者の方々の反応です。

「ふだん食べているのも和食なんですけれども、けっこう意外でした」

「(家では)もうちょっとカロリーの高いものとか与えますよね。なので、幼稚園だけでも、学校もそうですけれども、食事をこうしてくれるとありがたいというか……」

「上の子は、甘い物やお肉に偏った食生活をしていますが、下の子はこちらの幼稚園に通っていてわりと粗食。漬物が好きだったり、年寄りが作ってくれた煮物とかそういうのも食べるし、やっぱり小さい頃からの食生活が大事なのかなっていう……」

まだ、ご飯中心の給食になってからの子どもたちの体調の変化についてデータは集まっていませんが、全体的によい傾向になっていることを先生も保護者も感じているそうです。

8歳までの食事が重要

私はこれまで、直接、間接を合わせると100を超える幼稚園、保育園からの依頼を受けて給食に関するアドバイスを無料でやってきました。なぜ無料にしているのかといいますと、幼稚園は小学校よりも影響力が大きいからです。

私は人間の食習慣は8歳までに決まり、その後、健康に人生が送れるかどうかが決まると信じています。個人差がありますから、8歳を過ぎても遅くはない人もいるでしょうが、多くの人は手遅れになるでしょう。

そういうことがわかっているので、私は100いくつの幼稚園や保育園の給食を変えてきました。これは、大人と違って変えるのは実に簡単なことです。食事が終わった後に「アルコールちょうだい」なんて、幼稚園児は言いませんから。

ただ、幼稚園、保育園で気をつけるのは保育士さんです。女性の職場ですから、パンを止めた後でアンケートをとると、子どもが言いそうもない、「たまにはパンを食べたい」というようなことを保育士さんが書いています。

でも、私はしたたかですから、保育士さん用のパンを止めるようなことはしません。私もそうですが、大人にとっては〝心の栄養〟が必要なのです。すべて子どもと一緒にしてしまうと失敗してしまいます。

アトピーは改善する

繰り返しますが、子どもの健康を本気で考えるなら給食を変えるしかありません。いまだにパンを週に4回だしている280校ではパンはコッペパンではなく砂糖がたっぷり入った菓子パンに近いものを食べさせています。その一方で、近隣で農業を営んでいる人は「米があまる」と大変困っています。

この「子どもがパンを週4回食べさせられる」状況はどういうことかといいますと、たとえば軽いアトピーのある幼稚園生のお子さんが小学校に入りパンを週4回のペースで食べたら、たった2年で確実にぶり返します。

逆にいえば、給食をご飯中心にすれば、そのお子さんは小学校を卒業するまでにはアトピーがかなり改善するでしょう。

給食は平日のお昼だけなのにと思われるかもしれませんが、子どもは給食を通じてご飯中心の食事を学習しますから、家に帰ってお母さんに給食に出たメニューのようなものを作ってと言えます。この効果はあなどれません。

私は最近つくづく栄養士になって良かったと思っています。残念ながら、こんなにやりがいのある時代になってしまいました。

きっと、かつて日本国中でご飯を食べていたころに、「ご飯を食べましょう、味噌汁を食べましょう」と言っても、「はあ」というような反応で終わってしまったことでしょう。「そんなの当たり前じゃないの」と。「漬物が大事なんだ」と言っても同じでしょう。ところが現在は、そうではなくなってきています。幼稚園でご飯の給食を食べたらテレビが取材にくる世の中なのですから！

全国の幼稚園や学校で給食に関わる栄養士は、いずれ民営化されてリストラされるか、あるいは、本当に子どもの健康を守る素晴らしい給食を実施するか、そのどちらかを選ばなければいけなくなります。

どこも財政が厳しいので、あっという間に民営化されることでしょう。ところが都会はのんびりしていて、子どもの健康を本気で考えていません。もっともイケナイのは、これから述べる子どもの健康を考えない三つの給食運動です。

子どもの健康を考えない三つの給食運動

まず、米粉パンの給食導入が、子どもの健康を考えていない給食運動の筆頭にあげることができます。過去50年間、子どもたちにパンを食べさせたからご飯を食べなくなったのに、今度は「米を食べよう」と言いながら、まだ子どもたちに米の粉で作ったパンを強制的に食べさせようとしている。米粉パンのことです。

もし目の前に米粉パンを推進している担当者がいたら「いい加減にしろ！」と私は言います。なぜなら、主食がパンだとそのおかずは油脂たっぷりで変わらないからです。パンはパンなのだから、ほうれん草ならおひたしではなくバター炒めになってしまうのです。これでは、お米を食べる意味がなくなります。

米粉パンを大切な税金で作っていると思うと考えれば考えるほど腹が立ってきます。子どもの健康に悪影響を及ぼすだけでなく、農家にとっても一つもいいことがありません。このような下らないことを考えて給料をもらっている人がいるのですから呆れたものです。

米粉パンの給食導入が間違っている理由は五つあります。

・学校給食を余剰農産物の処理場と考えている。

•子どもの健康はどこにもない。
•洋食(脂肪食)を勧めることになる。
•ご飯を食べない子どもを増やすだけ。
•地元の野菜や魚介類は合わない。

二つ目にあげる子どもの健康を考えていない給食運動は、民間委託反対運動です。都会ではお母さん方が民間委託反対運動に巻き込まれている例が年々増えています。民間業者だと危険だと言う人がいますが、耳を貸す必要は少しもありません。

業者になると危険だとか、どういう給食になるかわからない、と言っている人はみんな選挙に当選するために煽っているに過ぎません。

たとえば、戦後の学校給食最大の惨事は、大阪の堺市の学校給食で死者を出したことですが、あそこは自校式です。食中毒の比率は自校式のほうが多いのです。ですから、民間業者が危険だという理屈はありません。

考えてみてください。委託業者が食中毒を出したらどうなりますか?　一発で契約打ち切りになりますから、まともな業者ならば緊張感を保ち、食中毒の発生率は自校式よりはるかに低いはずです。確かにひどい業者もありますが、それは予算が限られている点を配慮する必要があります。

香川県の幼稚園の業者が作ったお弁当のメニューをご紹介しましょう。幼稚園や保育園は少子化ですから、地元の業者がもってくるお弁当を給食代わりに食べています。

この弁当の中身は、分搗き米、沢庵は無添加で何ヶ月か寝かせたもの、野菜、魚が中心で脂ものは極めて少ない。味噌は1年以上寝かせたものを使っています。牛乳はない、パンもありません。このような弁当を作っている業者を幼稚園や保育園から排除する理由がありますか？　まったくありません。

子どもたちの健康を本気で守るには、家庭の食生活を嘆いても何も始まりません。私を含めた栄養士は、おばあちゃんから学んできた知恵を、子どもたちに給食を通して伝えるのが役割だと思います。

お母さん、お父さんは忙しいので、子どもの食生活をおざなりにしてもある程度しょうがないでしょう。それをカバーしてご飯中心の食生活に教育するのが「正しい学校給食」なのです。

だからこそ、委託給食が悪いという言動には何の根拠もありません。一方で、自校式の給食でも、本当に素晴らしい給食を作れば民間に委託されることはありません。その必要がないからです。

前に述べた福島県の熱塩加納村では、農家の方々は栄養士のことをみんな知っています。孫でさえ卒業してもう小学校にいないのに、「偉い先生ですねぇ」と感心しているのです。みんな学校の栄養士に本当に感謝しています。全国の小中学校でもこのようにならないといけないと私は思います。

さて、子どもの健康を考えない運動の三つ目は、中学校にも学校給食を導入しようというものです。これは民間委託反対運動をしている人々と重なる傾向にあります。何がひどいかと言うと、中学校給食導入に向けてお母さん方が署名運動に駆り出されている実態です。このような事態は、１００％選挙目当て、票目当ての活動に過ぎません。何か運動をすることによって票を得ようとしているのです。その活動は子どもの健康を考えていません。

和歌山県は学校給食を実施している学校が県下全校80何％です。なかでも梅の産地として知られる南部町には学校給食がありません。串本町にいたっては、学校始まって以来１度も学校給食を実施していません。南部町のほうは、昭和30年当時には学校給食があったのにもかかわらず、いまはないのです。

そもそも給食というのは欠食児童対策で、当初は、アメリカがありがたかったのでしょう。パンでも食べられないよりはいいと思った日本人も多かったかもしれません。

ところが、地元で米も野菜もとれるし、欠食児童もいなくなったからという理由で給食を止めてしまいました。それ以来、南部町ではずっと給食はありません。

南部町では20年前に、「みなさん、全国の小学校では90何%に給食があるのに不平等です。みなさん、私たちの子どもたちにも給食を求めましょう」と署名運動が起こりました。

そこで当時の教育委員会の担当者は、予算がなくてしょうがなくアンケートをとった結果、地元のお母さんたちは何と答えたでしょうか？　なんと、お母さんの過半数がいらないと回答したのです。忙しい時代ですから、毎朝お弁当を作らなくて済んだらどんなに楽かと思う気持ちもわかるので、私は給食を求める親を責めるつもりはありません。

でも、南部町では20年前に給食実施を却下したのです。教育長は、ノーと言ったお母さんの言葉を今でも覚えているそうです。

「子どもの食事を作れるのもたかだか15年。そのぐらいは自分で作ってあげたい。よけいなことをやらないでくれ」

読者のみなさんの地元で中学校に学校給食導入への動きがあるかどうか知りませんが、

これまでの運動は子どもの健康を考えていないことで共通しています。ただ選挙目当てに過ぎません。本当にこういうケースが多いのです。それなのに、政治家は選挙になると、子どもの健康とか環境とか、スローガンを並べて当選しようとするのです。騙されないでください。

子どもの健康を真剣に考えるということは、毎日、子どもが何を食べているかを確認することから始まるはずなのに、そこに目を向けないような運動が都会では多過ぎます。

無農薬・無添加推進運動も同じです。無農薬・無添加を本当に考えれば、主食をご飯にするだけで添加物の摂取量は10分の1になることがわかります。そちらのほうが簡単な話なのに、もし給食がすべて無農薬・無添加になったら、給食費を払っているお父さん、お母さんが黙っているでしょうか？　給食費が2倍も3倍にも上がったら、半分以上は反対するはずです。

実際、給食の主食をご飯にすると、給食費はわずかに上がるところと、下がるところがあるはずです。都会だと、パンを止めてご飯にすると給食費は高くなるかもしれませんが、無農薬・無添加の食材を使うことを考えれば給食費は安く抑えられるはずです。

大切なこと

家庭の食事でもっとも大切なことは、まず子どもに与える飲み物は水、麦茶、ほうじ茶の三つにすることです。カロリーのない飲み物を飲ませておけば、子どもはお腹いっぱいご飯を食べるはずです。ジュースを飲ませたら、子どもはジュースでお腹が充たされるのでご飯が喉を通りません。牛乳、ジュース、無農薬100％ジュースはたまのお楽しみと考えてください。神経質な方は、水を飲ませるときには浄水器を使ってもらっても構いませんから、子どもには水を飲ませるようにしましょう。

次に、子どもにはご飯をお腹いっぱい食べさせましょう。お腹いっぱいといっても、お父さんにお腹いっぱい食べさせたら駄目です。子どもは、自分の食べる量がわかっていますから、途中できちんと止めます。無理矢理与えようものなら、泣いて騒いで止めるので、お母さんは安心してご飯をいっぱい子どもに与えてください。

三つ目は、朝の味噌汁と漬物の香りを子どもに覚えさせましょう。前の晩に作った味噌汁を温め直してもいいのです。ご飯も前の日に炊いたものをそのままでも構いません。納豆と海苔で、子どもは大満足するはずです。

大人でも、朝から鰻とかすき焼きを食べている人はいませんから、朝食は簡単で構いません。菓子パンを皿にポンと載せるよりは手間がかかりますが……。

四つ目は、子どもにパンを与えるのは止めること。子どもが幼稚園や小学校に登校したら、まずカーテンを閉めて、雨戸を閉めて、思う存分パンを食べてください。でも、そんなお母さんのために付け加えると、毎日、饅頭を食べて元気なおばあちゃんもいることはいます。でも、そんな甘党の元気な方でも朝からケーキを食べることはありません。

朝食は昼食よりも夕食よりも食習慣に与える影響が大きいことがわかっています。私は患者さんの食事をたくさん見てきましたが、朝からステーキやすき焼きを食べている人は1人もいません。みんなご飯に海苔だけとかふりかけとか、たんにコーヒーを1杯とか。それなのに何で夜になるとご馳走を食べるんだろう？　と思うのです。

朝、起きたとき私たちは赤ちゃんだったのではないだろうかと、最近考えたりしています。昼がきて夕方になり、夜寝るときは〝死ぬ〟ときではないだろうかと思うのです。

だから午前中にビールを飲んだら酔いがまわり1日だるくなってしまいます。小学生のときにビールを飲んだから、1日尾を引いてしまうのではないでしょうか。であるなら、やはりパンの影響は大きいのです。いっそのことお母さん方もパンを止めるべきでしょう。

パンを止めて、3時に小気味よく饅頭やケーキを食べてください。両方は止められませんから。パンは食事ではなく、3時に食べたほうがいいのです。できれば和菓子を食べてもらいたいところですが、無理は言いません。

ケーキをはじめとする洋菓子は、他人の家で食べることにしましょう。自分の家には持ち込まず、甘い物も、トウモロコシやさつまいもや甘栗でも満足する子どもをたまには見習ってください。

学校給食を変えよう

私の本は全部で200万部近く売れていると思いますが、これは200万人が買っているわけではなく、同じ方に何冊も買っていただいているはずです。講演会も全国各地で開き声を枯らしても、日本の食生活は変えられないと悟ったのは、前に述べた通りです。でも、給食を食べている子どもは1083万人います。全国約3万校のうち、約1400校は完全米飯給食を実施しているのでパンを出していません。これは田舎だけではなく、都会でも出していないところはあります。本当に子どもの健康を真剣に考えている学校や幼稚園ではパンは出しません。

パンもたまには楽しみでいいじゃないかと言われる人もいますが、そんなものは家で食べさせればいいではないですか。街にパン屋がないわけではありませんから、家でどうぞ食べてください。

米飯給食の回数が少ない兵庫県の市町村でも、栄養士が真剣になればパンはなくせます。簡単なもので、1日で変わってしまうような話ですから、まず行動する、そうすれば変わります。

栄養士は、小学生、中学生にまで糖尿病が出はじめた時代に、残念ながらやりがいがあります。給食は教育という名のもとに行っているのですから、こんなやりがいのある時代はありません。

子どもたちの健康を守ってあげられるのは私たちだけなんだという思いでもっと誇りを持って考えるべきです。それにはまずご飯を増やすことから始めましょう。お米はいっぱいとれているのですから。

私たちは『学校給食と子どもの健康を考える会』という運動を全国で展開しています。1人でも多くの人に運動にご協力いただきたいので、会の趣旨に賛同してくださる方は、ぜひお近くの支部に連絡をしてください（連絡先など詳しくは236～237ページをご覧ください）。

今晩お試しあれ

最後に、パンの正体がどうしても信じられない方、「そんなにマズイの？」と不思議に思った方にも試していただきたいことがあります。今晩の夕飯に、ご主人にパンを出してみてください。

ふつう夜にパンを出す人はいません。私の持論は、人間、朝は寝ぼけているからパンが食べられる、というものです。寝ぼけているうちに出されるから、騙されて食べてしまうのです。

仕事が終わって、6時、7時に帰ってきて、「今日は疲れた」と思いながら熱燗を一杯やる。「ご飯くれ」と声を掛けたら「今日パンなの」と、トーストを2枚、それに目玉焼きとサラダを出してみてください。カメラを用意して、そのときに撮ったお父さんの顔がパンの正体を現しているのです。

朝、怒らないのは寝ぼけているからでしょう。朝早く起きて歩いている人は、パンを食べません。畑をやっている人も同じです。

みんな牛丼だのカツ丼だの、ヘンなことは考えないで米粒を食べているから、男性には便秘の人がいないのではないでしょうか。朝から、ヤギのように生野菜ばかり食べている女性は、ピンクの小粒が必要になります。一方、おじさんたちは何も考えないでひたすら丼メシを食べるから便秘なんてありません。

繰り返しますが、今夜の夕飯にパンを出す実験はぜひ試してください。1日ぐらいで離婚にはならないでしょうし、なった人はもともと可能性を秘めた人なので逆に好都合でしょう。今日の晩、トースト2枚と目玉焼き、サラダ、それにコーヒーという献立はいかがでしょうか。カメラで顔の写真を撮るのと、手が飛んでくるのとどちらが早いかわかりませんが、それがパンの正体です。

現在、そういうパンを、教育の名のもとで成長期の子どもに食べさせているんだということを覚えておいてください。

第4部

学校給食Q&A32

清水修

毎日、米飯給食は極端ですか？
いいえ、日本人として当たり前の給食です。

牛乳

1 どうして毎日牛乳が出るの？

Q…給食の献立に関係なく、なぜ毎日必ず牛乳が出るのですか。特に米飯給食と牛乳の組み合わせは、子どもの味覚の形成にも悪い影響をおよぼしそうで心配です。制度上、牛乳は毎日出さなければいけないのでしょうか。

A…学校給食に牛乳を出さなければいけないという制度上の決まりや規制は一切ありません。牛乳は出しても出さなくてもどちらでも良く、1年を通じて出さなくても良いのです。「学校給食から牛乳は外せない」と思われていたなら、それは明らかな誤解です。そもそも学校給食に出さなければいけない食品は一つもありません。

では、どうして毎日のように牛乳が出されるのでしょうか。一つには、教育委員会や栄養士が牛乳を出さなければいけないと誤解している場合が考えられます。これは国が定めた「学校給食法施行規則」にある給食の区分、「完全給食」「補食給食」「ミルク給食」のすべてに「ミルク」が含まれているからです。

二つ目は、献立を作る栄養士が、毎日の食事には牛乳が必要だという教育を受けているので、制度上どうであれ健康のために牛乳は出さなければいけないと信じ込んでいる場合です。実際はこちらのほうが多いかも知れません。それほど栄養士の牛乳への信仰は強いのです。

2 牛乳の量は決まっているの？

Q…1年生から6年生まで、毎日一律200mlの牛乳が出されています。子どもたちの体の大きさは全く違うのに、量が同じなのはなぜですか。ご飯やパンなどは学年で量が違うのに、牛乳だけ同じなのはどうしてでしょうか。

A…牛乳の量に決まりはありません。100mlでも50mlでも、いくら出しても良いのです。一律200mlで出されるのは、文部科学省（以下、文科省）が定めた「標準食品構成表」の影響と飲用拡大を推進した国の政策の成果です。

標準食品構成表とは、かつて文科省が出した「学校給食の食事内容について」という通知の中で、1日の目安となる食品の基準量を示したものです。食品の量は学年によって変えてありますが、牛乳だけ全学年共通で206g（200ml）という基準量になっています。それは昭和45年度に、文科省と農林水産省（以下、農水省）によって１８０mlから２００ml飲用へ基準が変更されたからです。その強力な推進が、今日の２００ml飲用の普及をもたらしたのです。

この影響で、学校給食には全学年共通で２００mlの牛乳を出すのが当然と思われているようですが、基準量はあくまで標準的な目安であって、２００ml出さなければいけない訳ではありません。文科省も、標準食品構成表があまりにも固定的に受け取られていたことを考慮し、平成15年5月の新しい通知から標準表を除外しました。

3 医者の診断書は必要？

Q…特にアレルギーではないのですが、日本人に牛乳は必要ないと思うので、子どもに牛乳を飲ませたくありません。担任の先生に伝えたところ、診断書の提出を求められました。どうしたら良いでしょうか。

A…この点について文科省に見解を聞いてみたところ、「どこまで求めるかは自治体が判断すること。アレルギーであろうとなかろうと保護者が子どもに牛乳を飲ませたくない場合は、学校側と保護者が子どもにとってどんな給食が望ましいのか、どんな給食のありようが一番良いのかを両者の話の中で決めてもらえれば良い。給食は教育の一環なのだから保護者の意向を聞いた上で決めてもらうことが大切」という話でした。

このように文科省としては、診断書の提出まで求めていません。両者の話の中で決めることが大切と言っているのみです。実際の判断は各自治体に任されているのです。ですから、どうしても診断書を求められたなら、理解のある医者に頼んで診断書を書いてもらうしかありません。その場合でも、学校給食は教育活動なのですから、きちんと話し合うことが大切なのです。

もし、先生が十分に話を聞かずに一方的に診断書の提出を求めたなら、それは保護者と話をするのが面倒だったとも考えられますし、それが学校や教育委員会の方針だというなら、かえって問題です。

実際は、子どもに牛乳を飲ませたくない旨を学校側にきちんと伝えるだけで済んでしまう場合が多いようです。

4 牛乳は別の時間帯に飲める?

Q…ご飯の給食に牛乳は合わないので、別の時間帯に牛乳を飲ませて欲しいのですが、全部一斉に業者から運ばれて来るので無理と言われました。別の時間に飲んでいる学校もあるようですが、どのようにしているのでしょうか。

A…実際、学校側が米飯給食に牛乳は合わないと判断して別の時間に出しているところもあります。

兵庫県青垣町の全小学校4校では冬の間だけですが、温かい味噌汁を子どもたちに飲ませたいとの思いから、PTAの方が交代で給食の時間に味噌汁を出す「味噌汁給食」を実施しています。そのため、牛乳を2時間目の後の休み時間に出しています。

また、高知県高知市の浦戸小学校(62名)でも平成13年から2時間目の後の休み時間に牛乳を出しています。残飯を減らすために始めたそうで、お昼の時間はお茶を出しています。これによって、実際に残飯は減ったそうです。

学校側から見れば管理上の手間が増えますが、そういった手間をいとわず、子どもたちのために実践している所もあるのです。牛乳ではありませんが、愛媛県ではみかんジュースを休み時間や放課後に出している学校が多いようです。

このように業者の都合で飲み物を別時間に出すことが出来ないということはありません。教育委員会や学校側が熱意を持って取り組めば、むしろ業者は指導された通り実施するものです。勿論、牛乳等を別時間に出すことに対する制度上の規制もありません。

5　飲まない牛乳の代金は戻る？

Q…子どもに牛乳を飲ませたくないので、牛乳の代金のみを返金してほしいのですが、給食費の部分的な返金はできますか。

A…学校の設置者である自治体や学校法人によって、その対応は様々です。きめ細かな対応をしている自治体もあれば、部分的な返金には一切応じない自治体もあります。給食費などの学校給食の運営責任は設置者にあるので、国としての対応の指針はありません。

まずは学校や教育委員会に相談してみてください。同じような人の声を集めれば状況が変わることもあるので、仲間を増やしてから行政に申し出るのも有効な方法です。

6　牛乳の補助金は何のため？

Q…給食の牛乳には国から補助金が出ていると聞きましたが本当ですか。また、それは何の目的で出ているのでしょうか。

A…平成12年度から牛乳に対する単価助成は廃止されましたが、新たな奨励金が交付されています。内容は以下の通りです。

①大型容器での飲用に対する奨励金。

２５０ml容器の場合、２・６５円、３００ml容器の場合、３・１０円(移行年度から3年間)。

②新たに牛乳飲用を開始した場合に交付される新規飲用促進奨励金。

１本当たり５・８８円(開始初年度のみ)。

したがって、通常の２００mlの牛乳を飲み、尚且つ学校が新設校でもない場合は、牛乳に対する補助金はつきません。

牛乳の助成金は、昭和32年度から農水省により「国内産牛乳の需給調整対策」の一つとして始まりました。そして平成12年度より、単価助成から消費拡大への事業費に対する補助金に変りました。

その主な内容は、安全性向上設備の設置、講習会の開催、啓発資料の作成、乳業ふれあい支援の助成、大型容器による飲用に要する助成などです。

学校給食に対する助成はほかに文科省や内閣府の分もあるのですが、この牛乳消費拡大に対する助成金は学校給食の助成金全体の24％(約44億円)を占めており、全体の10％(約18億円)に過ぎない米飯給食推進に対する助成金と比較しても著しく多いのが特徴です。

7　牛乳がないと助成金は出ない？

Q…市の教育委員会事務局の栄養士をしています。先日、県の教育委員会に牛乳なしの学校給食について問い合わせたところ、「牛乳をつけなければ、それは学校給食ではない。だから国の助成の対象でなくなる。」と言われました。本当にそうなるのでしょうか。

A…牛乳がなくても学校給食ですから、県の教育委員会の担当者が間違っています。

国の助成とは、牛乳関係や米関係の補助金だけでなく、学校給食費に対する補助金や施設の整備に対する補助金などすべてを含んだ助成金を意味します。完全給食にしろ補食給食にしろ、牛乳を付けない場合でも助成されます。県の教育委員会の方がそのような受け答えをしたのは、都道府県教委は学校給食用牛乳の飲用推進、消費拡大の最前線にあるので、つい過敏な反応をしてしまった可能性があります。

少し詳しい事情を説明しますと、知事は毎年、都道府県教委と協議の上、「学校給食用牛乳供給実施方針」と呼ばれる報告書を地方農政局へ提出するのですが、そこで以下の項目に対して記入を求められます。

①学校給食用牛乳の位置付け

②生乳生産・乳業等の現状と課題
③消費拡大のために講じている施策と今後の消費拡大の方針
④学校給食への牛乳供給に係る都道府県の方針等（飲用効果の啓発等の具体的方針など）

都道府県教委は、これらの項目に対して回答をする立場ですから、「牛乳」に対して過剰に反応してしまったのではないでしょうか。

8 除去食はできる？

Q…子どものアトピーがひどく、家では卵や乳製品の除去食を食べさせています。来年小学校に上がるのですが、学校でも除去食にしてもらえますか。

A…頼めば、除去食をしてもらえます。ただし、完全に対応しきれていないのも実情です。学校側は密接に連携して、できるだけ子どもの健康状態や個人差を把握しながら個別の対応をし、少しでも良い方向に持って行かねばなりません。

ただ、どこまでアレルギー対応を求めるのか、学校側としてできること、できないこともありますから、その点は学校側と保護者との話し合いの中で決めることが必要になります。完全な対応ができない場合は、弁当持参も選択肢の一つになります。

パン

9　なぜパン給食は駄目なの？

Q…パン給食が駄目だという理由がわかりません。パン給食と米飯給食とは主食が異なるだけで、あとは同じではないのですか。何か違いがあるのでしょうか。

A…健康に与える影響が全く違います。近年増加している生活習慣病の原因の一つに食事の欧米化があるのは、今や常識になりつつあります。その欧米化した食事の土台をなすのがパン食ですから、生活習慣病の背景に日本人のご飯離れがあると言えます。そのご飯離れを推進したのが、パン給食なのです。

何しろ今でも全国1100万人の児童生徒が6年から9年もの間、教育活動としてパンを食べ続けています。これではまるで学校給食は日本人の米離れを養成し、欧米食の普及を推進していると言っても過言ではありません。次にあげるのは、近畿地方S市の9月の献立例です。

〈パン給食の例〉

「コッペパン、スープ煮、たこ焼き、牛乳」
「ミニコッペパン、醤油ラーメン、揚げシューマイ、牛乳」

パンには旬の魚も野菜も合いませんから、結果としてパン給食は食の無国籍化・無季節化・ファーストフード化をもたらし、食習慣をデタラメにします。一方、米飯給食ならば油脂分も少なく、海藻や旬の野菜も無理なく献立にのぼります。

〈米飯給食の例〉
「ご飯、すまし汁、海苔の佃煮、なすと豚肉の炒め煮、牛乳」
「ご飯、冬瓜汁、昆布の佃煮、豆腐ステーキ、牛乳」

牛乳を除けば実にまともな献立です。このように、主食の違いで献立全体がまったく変わるので、子どもたちの健康をつくる学校給食は米飯給食にすべきなのです。

10 どうしてパン給食から始まった？

Q…もともと学校給食はパン給食から始まりましたが、戦前まで日本人にほとんど馴染みのなかったパンや牛乳がどうして給食に出されるようになったのですか。

A…アメリカ国内であまった小麦粉や脱脂粉乳を国外で処理するために、アメリカが日本を標的にした周到な戦略と強力な粉食奨励運動によりパンと脱脂粉乳による給食が始まりました。

戦後、日本はその経済的困窮と食糧不足から児童生徒たちを救済するために、ララ援助物資、ユニセフ寄贈ミルク、ガリオア資金といった、アメリカからの小麦粉や脱脂粉乳の無償贈与によってパンと脱脂粉乳の給食を少しずつ普及させてきた経緯があります。日本は占領下だったこともあり、将来にわたるパンとミルクを主にした完全給食の推進の確約や閣議諒解を行いました。

それは当時の栄養学界の粉食奨励運動と合致するところとなり、昭和29年6月に「学校給食法」が成立し、その直後の7月には、アメリカで「余剰農産物処理法」が成立しました。それに呼応するかのように日本では同年9月に「学校給食法施行規則」が成立しました。その中で学校給食の区分すべてに「ミルク」の文字が入り、「完全給食」とはパンを出すことだという内容の一文が入ることになりました。

このような動きが戦後、急速に欧米化した日本人の食習慣を決定付けたと言っても良いでしょう。戦後の復興資金の獲得、食工業界の振興などがあったにせよ、米の自給可能を目前にしながら日本人はご飯よりパンを選んだのです。

11 米粉パンは健康に良い？

Q…最近、学校給食への米粉パン導入がニュースになっています。小麦より米のほうが健康的だから良いと、単純に喜んでいいものなのでしょうか。

A…米粉パンといえどもパンに変わりはありません。したがって、学校給食への導入はかたちを変えた新しいパン給食の普及運動そのものです。ご飯離れに拍車をかけるだけで、健康を目的とした学校給食の場には問題が多過ぎます。

米粉パンとは、小麦粉の代わりに米粉で作ったパンです。製造方法は様々で、85％の米粉につなぎとしての15％の輸入小麦粉グルテン（たんぱく質）を加えたものから、ほぼ同量の米粉と輸入小麦粉に小麦粉グルテンを加えたものまであります。決して米１００％ではありません。日本で誕生したパンだから「ジャ・パン」と呼ぶ人もいますが、パンはパンです。ご飯を食べさせないことに違いはありません。

米粉パンの導入は、子どもたちのご飯離れを訓練しているようなものです。そのどこに健康の視点があるのでしょうか。あくまで教育活動である学校給食の現場で行うのですから問題です。

農水省は平成14年度に米粉パンの技術に対して農林水産省大臣賞を与えました。米消費拡大の見地からこれに飛びついたのでしょう。学校給食への米粉パンの導入に対しても多くの支援活動を行っています。ご飯離れを推進し、パン食を普及させてどこが米の消費拡大だというのでしょうか(Q・9「なぜパン給食は駄目なの？」もご覧ください)。

12 パン給食で地産地消ってホント？

Q…地元の自治体や農業団体は普段から「地産地消」と言いながら、外国産小麦をいっぱい使ったパン給食を残そうとしているかのようです。理解に苦しみます。

A…目先の米の消費拡大のみを考え、子どもの健康のための学校給食という視点がないのです。現在、全国の自治体や農業団体から地産地消の大きな掛け声があがっています。地産地消とは、地元でとれた作物を地元で消費しようという運動ですから、その考え方を実践するなら地元でとれた米や野菜などを学校給食に使うことは確かに良いと思います。

しかし、それなら将来にわたり輸入食品に依存しやすいパン給食を止めて、すべて米飯給食に代えれば良いものを、そういった声はなかなかあがりません。それどころか、国際化の時代だとか、様々な食の体験を積ませることも必要などと言い出すのも同じ自治体や農業団体です。

これでは結局、どこまで本気なのかと疑いたくなります。その大きな理由は、子どもにとっての健康的な食生活という視点がないからです。健康抜きでは消費というよりあまった食糧の処理も同然です。学校給食なら半強制的に処理できるわけですから、これほど、子どもたちを馬鹿にした行為もありません。国産小麦粉のパンや米粉パンも結局は同じです。学校給食は余剰農産物処理のためにあるのではないことをしかと心に刻むべきです。

ごはん

13 なぜ完全米飯給食が大切なの？

Q…学校給食については、地場給食、民間委託問題、センター給食問題、無農薬安全給食、食器の問題などたくさんの主張がある中で、完全米飯給食の実現を一番に目指す理由は何ですか。

A…学校給食は子どもたちの心身の健全な発達のためにあります。国が定めた学校給食法ではその目標の中で、「望ましい習慣を養うこと」「栄養の改善及び健康の増進を図ること」があげられています。つまり学校給食は子どもたちの健康を一番に考えるべきだと言っているわけです。

それでは現代の食生活を振り返ったとき、何が一番問題なのでしょうか。様々な主張がありますが、最大の問題点は現代の日本人があまりにもご飯を食べなくなったことです。パン食などの欧米化した食事が多くなり、それに伴い油脂分だらけの食生活になりました。さらに酷いことに、一般的によく食べられているパンそのものは砂糖の含有量が高くお菓子に近い食品です。

教育活動として学校給食はあるのだから、現状を改善するために子どもたちにご飯を食べる習慣をしっかり身に付けさせる機会を提供しなければなりません。だからこそ、毎日ご飯を食べる完全米飯給食にすることが重要であり、真っ先に取り組むべき問題なのです。

さらに完全米飯給食の実現が、ほかの問題をも解決しやすくする側面もあります。たとえば、パンに含まれる食品添加物の問題、小麦の収穫後に蒔くポストハーベスト農薬の問題、台所から垂れ流される洗剤の問題、そして農業問題など、それらはパンを食べていたからこそ発生した問題なのです。学校給食の完全米飯化は、食生活の問題を一気に改善してしまうほど意義が大きいのです。

14 米飯給食にすると残飯が増える?

Q…パン給食と比べて米飯給食の日は残飯の量が増えると聞いたことがあります。いくら米飯給食が子どもの体に良くても、残してしまっては意味がないと思うのですが。

A…米飯給食は、ご飯と牛乳というどこの家庭でも食べていない組み合わせで成り立っています。これでは子どもに限らずご飯がすすまないのも当然でしょう。

米飯給食になると残飯が多く出る傾向があるというのは、この珍妙な組み合わせによるものです。決して子どもたちが、ご飯を嫌っているからではありません。

どこの家庭でもあるように、ご飯と味噌汁、あるいはお茶という組み合わせなら、子どもたちは驚くほどご飯を食べるものです。

Q・4で紹介したように浦戸小学校では、牛乳を別時間に出すことによって著しく残飯が減っています。それから、ご飯の炊き方でも残飯が減ります。高知県南国市の電気炊飯器給食や愛知県十四山村のガス炊飯器給食は、どちらもクラスごとに炊飯し炊き立てを食べています。実施後、それぞれの関係者が驚くほどに残飯が減ったそうです。

15 米飯給食を増やすには？

Q…子どもの学校では、週当たり米飯2回、パン2回、麺類1回です。どうしたら米飯給食を増やせるのでしょうか。学校の栄養士に聞いたところ、ご飯ばかりではなく色々なものを食べて様々な食の体験を積むことが大切だと言われました。

A…最初から簡単に変わるというわけではありませんが、熱意を持って教育委員会や学校の栄養士に相談してみてください。1人の声から教育委員会が動き出したり、栄養士も考え直した例もあります。

学校給食は学校の教育活動ですから家庭や地域の連携を積極的に進めることが必要です。そのために、文科省は「学校・家庭・地域の連携推進事業」を毎年各地に委嘱して行っています。そういった連携を深めるために校内・校外の組織づくりや、関係する諸団体との相互の連携や交流も必要でしょう。

実際の給食の献立は、教育委員会の栄養士や学校の栄養士らが協議して作り上げています。栄養士が受けた教育とは、「ご飯もパンも健康に与える影響は同じ。どちらも同じように食べることが大切」というものです。米飯給食がなかなか増えない最大の理由はここにあります。ですから、大いに本書に書いてあることも参考にして、栄養士と話し込んでみてください。

16 全国の米飯給食の実施回数は？

Q…米飯給食の実施回数の地域差はありますか。一番多いところはどこですか。反対に、一番少ないところはどこですか。

A…文科省による平成14年5月1日現在の調査によれば、米飯給食は次のような結果が出ています（国立、公立、私立の小中学校、特殊教育諸学校、夜間定時制高等学校を対象にした調査）。

・週当たりの平均実施回数　全国平均　週2・9回
・月当たりの平均実施回数　全国平均　月11・4回
・週当たりの平均実施回数の多いところ
山形県、福井県、高知県　週3・4回
岩手県、新潟県、富山県、石川県、佐賀県　週3・2回
・週当たり平均実施回数が少ないところ
神奈川県　週2・1回

大阪府　週2・2回
東京都　週2・4回
兵庫県　週2・5回

米飯給食の多いところは、概して農業の盛んな土地であり、米飯給食の少ないところは都市部に多い傾向があります。都市部ほど、パンなどの欧米化した食事をとる人が多いことを考えれば、米飯給食の少ないところで育った子どもはご飯を食べない大人になることがデータから読み取れます。米飯給食の多寡は、その地域の食生活の実情を表していると言えそうです。

17 完全米飯給食の実態は？

Q…毎日が米飯給食という「完全米飯給食」を実施している学校があると聞きました。その実態を教えてください。

A…平成14年5月1日現在、週5回米飯給食を実施しているところは、全国に1392校あります。

学校数が減る中、完全米飯給食の実施校は増えています。この数字は国立・公立・私立の小中学校、特殊教育諸学校、定時制高等学校を含んでいますが、公立の小中学校だけでも１０００校は下らないでしょう。学校給食を実施する学校すべてが完全米飯を実施しているという主な自治体をあげてみましょう。

鹿児島県名瀬市…パン屋の撤退
鹿児島県えびの市…市長の推進
広島県庄原市…教育委員会の推進
高知県南国市…教育委員会の推進
和歌山県新宮市…教育委員会の推進
三重県熊野市…教育委員会の推進
石川県松任市…教育委員会の推進
石川県珠洲市…教育委員会の推進
新潟県三条市…市長の推進
宮城県角田市…農協青年部の推進

既に、給食と言えば完全米飯給食をさす市町村は、全国で80ヶ所以上あり、今後も更に増える傾向にあります。

18 完全米飯給食になった経緯を教えて

Q…子どもが通う学校でも完全米飯給食になって欲しいと思います。どのようにしたら完全米飯給食になるのでしょうか。現在、完全米飯給食を実施しているところの経緯を教えてください。

A…市町村長や教育委員会、特に教育長が中心になって頑張ったところが多いようです。平成15年度から小中学校全校が完全米飯給食になった島根県旭町にその特徴が出ていますので紹介しましょう。

もともと旭町は週4回の米飯給食を実施しながら毎週水曜日にパン給食を出していました。地産地消が喧伝される中、教育長は消費者の米離れや減反問題から、パン給食に対する疑問を持たれたそうです。そこでパン給食の廃止を考えるのですが、ただ単に地産地消の立場だけではありませんでした。

生活習慣病の低年齢化や輸入農産物の安全性の問題などが顕在化する中、ご飯を主食に魚介類や野菜を食べる日本の伝統的な食生活の見直しが大切だとの思いから、完全米飯化を実現しようとしたのでした。

しかし給食センター側は当初、パン給食も必要だと町教委の方針に難色を示したそうです。調理の手間やパン業者への配慮などもパン存続の背景にあったようですが、最後には、センター側が折れて完全米飯化が実現しました。

完全米飯化への決め手は、「部活動で放課後体を動かす中学生には、腹持ちのするご飯のほうが良い。郷土の愛着を生み、農家の励みにもなる」という、子どもの健康を考えた学校給食にしたいと願う教育長の強い意欲でした（学校給食と子どもの健康を考える会のご案内もご覧ください：236〜237ページ）。

おかず

19 なぜ味噌汁が出ないの？

Q…味噌を代表とした醗酵食品の大切さが見直されている中、米飯給食の日に味噌汁が出ないのはなぜですか。ある月の献立では、味噌ラーメンの日しか味噌を使っていないという有様でした。

A…現在、ほとんどの学校給食では牛乳を優先しているので、味噌汁を出す機会が少なくなっています。残念なことですが、一般的な栄養士の認識は、味噌汁は塩分をとり過ぎやすく、出せば牛乳もあるので液体ばかりになってしまうからという理由で敬遠しているのでしょう。

あるいは、限られた予算を味噌汁に使うよりもおかずに回したいと考えているのかも知れません。栄養士の多くは、牛乳は絶対に欠かせない存在だという認識が強いですから、なかなか給食から外そうとしません。

それから肝心なことですが、どんなに醗酵食品の大切さが見直されても、パン給食である限り味噌汁は絶対に出ません。米飯給食になってこそ、ご飯と味噌汁という当たり前の組み合わせになるのです。

20 なぜ醗酵食品が出ないの？

Q…学校給食の献立を見ると、色々な国のメニューが出て、バラエティー豊かですが、沢庵や梅干、納豆などの日本古来の素朴な食品が出てきません。それはなぜですか。

A…前問への回答と多少重なりますが、まず米飯給食にしない限り、日本の伝統的な食文化の代表である漬物などは出てきません。

味噌汁も同じです。パンと漬物や味噌汁という組み合わせは合わないので、まずパン給食を止めるか極力減らし、日本の伝統的な醗酵食品をもっと増やすためにも、完全米飯給食にするべきです。

それから、献立を作る人が普段から漬物類を食べ、その重要性を認識しないと、たとえ米飯給食にしても漬物類は出さないでしょう。むしろ「漬物イコール塩のかたまり」という認識を持って敬遠する人が多いかもしれません。それほど日本の食文化を目の敵にしてきたのが戦後の栄養教育なのです。

そのような中、毎日学校給食に漬物を、それも梅干を出しているところがあります。三重県熊野市の神上小中学校です。敷地内に梅の木があって、毎年、生徒が梅を収穫した後、生徒と職員が梅を漬け込んでいます。

熊野市は小学校全校が完全米飯給食を実施しています。毎日、梅干が食べられるのも、完全米飯給食だからできることなのです。

平成15年に出された文科省の通知の中でも、「伝統的な食文化」という文字が入りました。ご飯、味噌汁、漬物という組み合わせは昔から日本人の健康を守った土台のようなものですから、学校給食でも当たり前の組み合わせになって欲しいと思います。

21　献立づくりの基準や指針は?

Q…日本人の給食だというのに、どこの国の給食かわからない献立が多過ぎるように思います。献立づくりの基準や指針はないのですか。

A…エネルギーやたんぱく質、脂肪、カルシウムなどの量を示した栄養所要量があります。また、平成15年5月に文科省の通知「学校給食における食事内容について」があります。その中の食品構成についての留意点が今後の献立づくりの指針になるでしょう。

1　我が国の伝統的な食文化を継承し、日本型の食生活が実践できるよう配慮すること。

2　豆類は、脂質とたんぱく質を多く含み、古くから動物性食品に代わるものとして日本人に摂取されてきたが、これまでは、豆類の中では豆製品が中心に摂取されているため、植物性たんぱく質の豊富な豆の摂取等についても配慮すること。

3　カルシウムなどの微量栄養素の供給源として、小魚類の摂取は重要であること。

4　家庭における日常の食生活の指標になるものとして、その摂取状況に近いものを採用するよう配慮すること。

5　食に関する指導の生きた教材として、広く児童生徒等や保護者等にわかりやすいものとし、日常の食生活への導入や活用に役立つよう工夫すること。

献立づくりに携わる人は特に1、2、4の意味を噛み締めて、これからはせめて国籍のわかる給食にしてもらいたいものです。

22　外国の食文化は必要？

Q…どんどん国際化が進んでいる日本の現状を考えると、給食で他国の食文化を経験するのも必要ではないでしょうか。

A…「国際化の時代なのだから」と言って様々な国の食事を食べて、日本人は健康になれたのでしょうか。実際にその国際理解に役立つという給食の献立例を見てみましょう。

1　「ミルクパン、ピザ、カレーシチュー、牛乳」
2　「クロワッサン、皿うどん、ハンバーグ、アップルシャーベット、牛乳」
3　「きな粉パン、カレーシチュー、アイスクリーム、ジュース」

確かに国際色豊かです。しかし、油脂類と砂糖が増えただけという見方もできます。言い換えれば、現代の食事の問題点を象徴している献立とも言えるでしょう。ちなみに、1

と2は栄養士が考えた献立で、3は児童が考えたリクエスト給食です。三つともお菓子に近い、油まみれのファーストフード給食、何の脈絡のない無国籍給食になったという点では共通しています。これで日本の子どもたちは国際化したのでしょうか。

「国際」という言葉を使えば、堂々とファーストフードや欧米食を食べられる都合の良い言葉だと気付いて欲しいものです。国際化給食とは「学校給食は健康のためにある」という意義を無視した大人の無責任給食と呼べそうです。

23　子どもの嗜好に合わせるのは大切？

Q…給食に菓子パンやハンバーガー、焼きそば、ラーメンのようなものを出すのは止めて欲しいと申し出たところ、子どもたちの嗜好に合わせたものを出さないと残飯が増えるから止められないと言われました。

A…学校給食は子どもたちに食べて頂くものではありません。学校の設置者が子どもの健康づくりのために良かれと考える食事を食べさせるものです。学校給食は教育活動であり、教育の一環です。子どもたちは健康を作る食事を体で学ぶ必要があります。そのために大人が子どもに教育しなければなりません。そうして生きる力を身につけるわけです。子どもの嗜好に合わせた献立とは、そういったことを放棄した子ども任せの献立です。
ここにK県O町の小学生が給食で食べたいもののランキングがあります。
1位　ピザ
2位　ステーキ
3位　アイス、ケーキ
次に、都内K区の中学生が食べたい献立の例です。
「ジャージャー麺、キムチスープ、ピーチヨーグルト、牛乳」
「たらマヨトースト、ウィンナードッグ、ポテトサラダ、フルーツポンチ、牛乳」
このように子どもの嗜好に合わせた献立にすると脂質の多いファーストフードのような食べ物になるだけです。だから、学校給食という場で健康を第一に考えた食習慣を子どもたちに身につけさせるように、設置者が責任を持って献立を考えるべきです。

24 なぜ乳製品が多いの？

Q…学校給食には牛乳だけでなく乳製品も非常に多いように思います。牛乳があるのにヨーグルトまで出てきます。これではまるで牛乳や乳製品の普及のために学校給食があるように感じます。どうしてこんなに多いのですか。

A…一つには、栄養所要量の基準の中でカルシウムの所要量が非常に高く設定されているからです。学校給食の栄養所要量は、厚生労働省（厚労省）の定める日本人の栄養所要量の基準をもとに算出されています。その算出方法がほかの栄養素が軒並み1日の所要量の33％から40％で計算されているのに対し、カルシウムだけ50％と非常に高くなっています。もとになる厚労省の所要量そのものも多く設定されていますから、算出された数字は著しく多くなります。そこで、この栄養所要量を満たそうと、カルシウムが豊富に含まれていると思われている乳製品が頻繁に出されるのではないでしょうか。

もう一つは、「酪農及び肉用牛生産の振興に関する法律」の存在です。これはかつて「酪農振興法」と呼ばれて、学校給食法と同時期に成立した法律です。この法律は、酪農及び肉用牛生産の健全な発達をはかり、牛乳をはじめ、乳製品などの安定的な供給を目的にしています。

特に学校給食に対しては、広範な供給を目標にしています。学校給食用牛乳の消費拡大に対する多額の助成金の背景には、この法律の存在があるのです（Q・6「牛乳の補助金は何のため？」もご覧ください）。

25 給食は何を食べてもいい？

Q…食の基本は家庭にあります。家庭での食事がしっかりしていたら、たかだか3食のうちの1食に過ぎない学校給食ぐらい、何を食べてもいいのではないでしょうか。

A…教育の一環で行う学校給食だからこそ、将来にわたる影響が大きいからこそ、健康を第一に考えた給食を子どもたちに食べさせる必要があります。確かに食の基本は家庭にあります。実際、健康を考えた非常に良い食事をしている家庭もあるでしょう。でも、自分の家の食事がしっかりしていると自覚している方は、むしろ学校給食の内容に無関心ではいられないと思います。少なくとも3食のうちの1食だからといって、何を食べてもいいと思わず、むしろ強い関心を持つと思います。

一方、家庭の食事がひどい場合、学校給食は3分の1でも、その意義はかえってとても重要になります。学校給食を通して子どもたちが良い食習慣を身につけることができるからです。そこから家庭の食事も改善させることも可能です。たかだか1日1回の学校給食と思われるかもしれませんが、人の食生活、家庭の食習慣を変えてしまう可能性が高いからこそ、健康を一番に考えた学校給食にする必要があります。

考えてみれば、これほど現代の食生活が欧米化し、パンと牛乳の食事が普及した原因は学校給食の影響があったからです。それくらい学校給食が人々の食習慣に与える影響は大きいのです。

栄養

26 栄養所要量とは？

Q…栄養所要量についてはどのように考えたら良いのか、具体的に教えてください。

A…学校給食の栄養所要量とは子どもたちの健康保持増進を図るのに望ましい栄養量として算出されたもので、児童生徒等の1人1回当たりの全国的な平均値を基準値として示したものです。ですからあくまで目安です。この目安自体を自分たちの地域でそれぞれ現実的なものとして変えることは出来ますし、むしろそれは必要なことでしょう。

たとえば、たんぱく質やカルシウムの量を学校の設置者は変えられます。つまりこの目安は「定数」ではなくて「変数」にもなるのです。変数の平均値ですから目安にしかなりようがないわけです。変数の値に対して何グラム不足しているというのが、どれだけ意味があるかと言えば目安として意味があるのです。

日々の献立の栄養摂取量は、当然多い日もあれば少ない日もあります。ですから、自治体は期間を決めて、栄養摂取量を平均化し、栄養素からみた献立の評価をしています。1週間、1ヶ月、3ヶ月、1年までその期間は様々でしょうが、算出された期間当たりの平均摂取量がその自治体が設定した栄養所要量の基準値(多くは文科省の定めた栄養所要量の基準値そのまま)を満たしていれば良いわけです。ただし、これは「満たさなければならない」のではなく、「満たしてないなら、満たすよう努力する」ということです。

この目安に対する教育委員会の指導はやはり重要でしょう。なぜなら、献立というのは、どんな献立も可能ですから、もし指導がなかったら、とんでもない内容の献立も放置されたままになってしまいます。そういった事態を未然に防ぐためにも献立に対する評価は必要です。

ある市の教育委員会の栄養士によると、県の教育委員会に年3回1週間当たりの平均摂取量などを報告しているそうです。何項目か不足している栄養素があっても、別に個別の指導もなく、年1回県内の数字をまとめ、全体への指導というかたちで報告があるだけだそうです。

27 栄養所要量の基準に足りなかったら？

Q…園の方針で、「牛乳なし、ご飯、味噌汁、季節の野菜中心」の給食を作っている栄養士ですが、どうしてもカルシウムとビタミンB2が栄養所要量の基準に足りません。保健所などから指摘されたら、どう対応すればいいのでしょうか。

A…努力し、善処する旨、誠意を持って返事をすることが大切です。そもそも栄養所要量のすべての項目で基準値を満たしている学校や施設はほとんどありません。それで処罰されることもありません。もしそうなれば、学校給食制度は崩壊します。それほど、満たしていないところが多いのです。

文科省によるモデル校の統計(月平均)でも、全11項目中、小学校で3項目、中学校では何と6項目が満たしていません。基準値そのものが実現不可能な数値と思えるほどです(塩分の項目は除外)。

栄養所要量の基準値はあくまで目安の数値です。栄養所要量の注意書きには「個々の健康及び生活活動等の実態並びに地域の実情等に十分配慮し、弾力的に運用すること」と記されています。

文科省の話では、設置者の責任において、その基準値を独自に変えても良いとのことでした。上げても良いし、下げても良い。それが「弾力的」の意味です。そもそも学校給食に「ねばならない」という規制はありません。保健所や教育委員会は目安を指導する立場ですから、そこは真摯に受け止め、努力し、善処すれば良いのです。

28 給食はカロリーのとり過ぎ？

Q…子どもが通っている小学校では週5日の給食のうち週4日も揚げ物が出ます。少ない週でも必ず3日は揚げ物です。先日、「学校給食を食べるとなぜか太る」という投書が新聞に載っていました。学校給食はカロリーや油のとり過ぎにつながらないでしょうか。

A…学校給食だけをみて太ると言うには慎重を要しますが、脂質が多くて炭水化物が少ないと、腹持ちの悪さから間食が増えて結果的に太る人はいると思います。

学校給食で脂質が多い日の献立は、ほとんどパン給食だと言って良いでしょう。カロリーもパン給食のほうがやや多い傾向にありますが、それほど大差ないように感じます。米飯給食の日で、カロリーも脂質も多くなる日がありますが、多くはカレーの日です。摂取カロリーに差がなくても、脂質によるカロリーの割合はパン給食のほうが俄然大きくなります。

　例をあげてみましょう。最近、家庭に配布する給食だよりの中に、脂質量も載せるところが増えてきました。C県S市もその一つです。2ヶ月分ですが、それぞれの平均値を算出すると、米飯給食(667kcal、脂質20・2g)、パン給食(674kcal、脂質25・5g)になります。全カロリーに対する脂質分のカロリーの割合は、米飯給食では27%、パン給食では34%です。このように米飯とパン給食には歴然とした差があります。

システム

29　学校給食は何のため？

Q…そもそも、学校給食の目的は何ですか。

A…昭和29年6月に成立した学校給食法の中に、学校給食の目的と目標がありますので見てみましょう。この法律の目的として、第一条の中に次のような文があります。「学校給食が児童及び生徒の心身の健全な発達に資し、かつ、国民の食生活の改善に寄与するものであること」

学校給食の目標については、第二条に記されています。

第二条　学校給食については、義務教育諸学校における教育の目的を実現するために、次の各号に掲げる目標の達成に努めなければならない。

1　生活における食事について、正しい理解と望ましい習慣を養うこと。

2　学校生活を豊かにし、明るい社交性を養うこと。

3　食生活の合理化、栄養の改善及び健康の増進を図ること。

4　食糧の生産、配分及び消費について、正しい理解に導くこと。

学校給食についてはいろいろな主張もあるでしょう。しかし、学校給食は「心身の健全な発達」のためにあります。ですから、子どもの健康を一番に考えた食事内容の実現が最も大切なのです。

30 センター給食は危ない？

Q…センター給食反対のチラシをもらったことがあります。それによるとセンター給食は衛生上の問題が多く、食中毒の危険性が高いと書いてあり、とても不安な気持ちになりました。本当なのでしょうか。

A…根拠のない話です。そもそもセンター給食反対運動で、具体的に食中毒等の調査を行い、その結果を公開しているものはありません。

学校給食の食中毒の集計は文科省と厚労省にそれぞれあります。資料によれば、センター給食と自校式給食の間に食中毒事故の発生数、被害者数に大きな差のないことがわかります。また、センター式や自校式というシステムが原因だという場合、それを誰がどうやってその証明ができるのか不明です。

実際、平成9年から14年までに発生した食中毒43件のうち、24件は原因不明です。原因が特定されたとしても、どこまでがシステム上の問題なのか、警察でも、保健所の職員でもなく、その場にいない人が断定できるはずもありません。

そもそも食中毒には食材の生産者、運搬方法、保管方法、調理員の不衛生など様々な要因があるのに、なぜ、システムだけを槍玉に挙げるのでしょうか。別の目的を達成するため、保護者が何も知らないのをいいことに、恐怖心を煽っているようにも見えます。

子どもの健康のためになる内容の献立なら、自校式でもセンター式でもどちらでも良いのです。

31 方式による献立の違いはあるの？

Q…センター給食と自校式給食とでは、何か献立上の違いはあるのでしょうか。

A…大きな差といえるほどではありませんが、自校式給食のほうがパン給食の出現率が多いようです。しかも、加工パンといって、サンドウィッチ・菓子パン等が多い傾向があります。

小学校の場合、米飯給食の出現率が自校式では60％、センター式では66％になります。パン給食の出現率を見ると自校式では36％、センター式では33％です(平成11年度の統計より)。しかし、だからといって、自校式給食というシステムがパン給食を多くするというわけではなく、自校式給食は一般的に都市部に多いので、その地域の食事を反映する学校給食もパン給食が多くなると考えられます。自校式給食の多いところほどパン給食が多くなるのもこのためです。

東京都、神奈川県、大阪府は自校式が多く、パン給食も多くなっています。自校式が都市部に多い訳は、敷地の問題と交通事情があります。都会の中に広大な給食センターの土地を確保するのは困難ですし、交通渋滞に巻き込まれたら給食は成り立ちません。だから、センター給食反対運動の有無にかかわらず、都会ではセンター式にはなりにくいのです。反対運動の成果でそうなるのではなく、なりようがないだけです。反対運動が成功したかのように見えるのが都市部の特徴でしょう。

32 民間委託はキケン？

Q…民間委託反対運動の署名が私のところに回ってきました。民間委託は食中毒などの危険性が高く、子どもの教育的効果にもならないと書いてあったのですが、本当にそうなのでしょうか。

A…食中毒についてもセンター給食反対運動と同じように根拠はありません。不思議なのはここで言う民間委託の対象は調理員だけということです。運搬、物資管理、食器洗浄、ボイラー管理の担当者は関係ないのでしょうか。

今までの食中毒事件を見れば、圧倒的に自治体直営式のほうが多いようです。だからといって、自治体直営式が危険だと言うつもりもありません。「調理員が食中毒の原因である」と断定できないからです。

反対運動をされる方は、「民間の調理員が食中毒の原因である」ということ立証して頂きたいと思います。挙証責任は言い出した側にあるからです。断定できないものを簡単に断定してしまう姿勢は問題があります。

子どもたちに対する教育的効果といっても、民間委託になった途端、態度が悪くなったというでしょうか。業者に問題があるなら、教育委員会は厳しく指導するか業者を変えれば良いのです。無関心のまま放置したなら、それは教育委員会側に問題があります。指導すればすぐ変わるのが民間なので話は簡単です。一部の活動家による民間委託問題のイメージ操作に惑わされることなく、冷静に対処して欲しいと思います。

参考資料

衆院文部科学委員会15号　議事録要旨　２００４年４月23日

「高井美穂衆議院議員による学校給食に関する質問」

高井美穂委員（以下、高井委員）◆　学校給食についてのお話に移りたいと思います。

私も、母親として子供を育てている身分でもありますけれども、もちろんこうして仕事もしておりますので、実家の田舎のほうで、両親、ひいばあちゃんなどに囲まれて、一緒に子育てを手伝ってもらってやっているんですけれども、大臣が一番最初の牧野議員の御質問の中で御答弁をなさった、食生活を激変させた大きな原因の一つに家庭があるというふうにおっしゃいました。生活の乱れなど、確かにその要因は否めないと思っています。ただ、私はやはり、この学校給食の場で、本当に子供の健康を考えて、前向きに伝統食を取り入れて食教育をしようという姿勢が今までのところ余りなかったのではないか。

私がそう思う、懸念する原因の一つとして、子どもたちの給食の献立を見てみると、もともと、給食のスタートからずっとしばらくは、やはりパンと洋食中心の料理であったというふうに、パンとミルクが中心の給食であった。田んぼの中を学校に通って、学校に着いたら給食でパンを食べるというのは、当時、子どものときは疑問にも思わなかったんですが、今から考えればとてもおかしいというふうに思います。私も、ずっと学校給食を食べてきた身分ですが、学校の中で給食の時間が一番楽しかったんですけれども、決して給食が大好きだったというふうには、今振り返っても思えません。

そういう中で、政府として、食生活を激変させた、つまり伝統日本食、家で食べていた日本食、御飯とおみそ汁というふうな生活から、学校に給食でパンと洋食のおかずを取り入れることによって、やはり食生活を転換させた一つの要因ではあったのではないかと思うんですが、どのように思われますでしょうか。

河村建夫国務大臣（以下、**河村国務大臣**）＊　学校給食は、最初パンからスタートした歴史がございまして、調べられたらおわかりの通りでありますが、あの戦後の大変なとき、食料難、アメリカのほうからむしろ物資が入ってきたというスタートがございます。そういうスタートで、だんだん米飯給食が大切だという方向へ転換をしつつ、しかし、今、平均してまだ週3回までいっていないと思いますが、米飯給食ということも非常に進めてまいりまして、そのバランスを少しとっております。

もちろん、最近は米からパンも作れるようになったようでありまして、先般、閣僚懇談会で、米でできたパンも食べてみたりしたのであります。そういう動きの中にありますが、しかし、日本の伝統的な和食、この良さ、これが日本の長寿社会をつくり上げてきているんだと言っても過言でないような状況にございます。そういうことの重要さというのはやはりちゃんと食育の中で位置づけていきながら、しかし、いろんなバラエティーに富んだ食事の中にパン食も入ってくるし、もちろん、地産地消という中にはパンの業界の皆さんも頑張っておられる現状もあります。

そういうものであります。しかし、御指摘のように、日本の本来からの米を中心とした和食の姿、これはやはり伝統的な文化食として、食育の中で、また学校給食の中でも重視しながら、バランスをとった食事をとっていく、こういう姿勢で臨むべきであろう、このように思っています。

高井委員◆　大臣が、バラエティーに富んだ食事というふうにおっしゃいましたけれども、むしろ今、日本の社会では、世間にあるほうがバラエティーに富んだ食事が横行しておりまして、伝統食のほうが数少なくなっているというふうに思っています。だからこそ、学校給食の現場では、数少ないそういう伝統食を教える機会であってほしいと。

私は、食教育のかぎは、やはりその食材とでもいうべき学校給食であろうというふうに思っています。だからこそ、学校給食を充実させたい。もし、家庭が乱れていて朝御飯が食べられない、夜御飯もみんなばらばらで十分に食べられない、ただ、家庭教育にまで本当に政治家一人ひとりが踏み込んで、政府が踏み込んで、これを指導するというのは、本当に難しいことであろうと思っています。だからこそ、政治ができるのは学校給食を良くすること、そういうふうに思って、私は学校給食の問題にずっとこの間、一番は、子どもの健康のために伝統食を取り入れて欲しいという思いで、取り組んでまいりました。

学校給食導入の経緯は、最初はパンだったというお話が出ましたので、一番最初のときから導入の経過を教えていただければと思います。

田中政府参考人❖ 学校給食の導入の経緯でございますけれども、戦前、明治22年に、山形県の鶴岡市で一番初めに学校給食が行われた、これが学校給食の始まりとされておるところでございます。

戦後は、学校給食が、大変食料事情の困難な状況の中で、経済困窮と食料不足から児童生徒を救済するという観点で、日本政府の強い要望と、それからアメリカ等から援助物資、これが小麦粉だったわけでございますけれども、この小麦粉の提供を受けて学校給食が始まるわけでございまして、実際には、昭和22年1月から、都市部の児童を対象として学校給食が開始されたところでございます。したがいまして、その当時は、まさに栄養補てんということが学校給食の重要な役割だったところでございます。

その後、昭和29年に学校給食法が施行されまして、その中で、学校給食の持つ教育的意義というものが掲げられたわけでございまして、現在、学校教育の一環として学校給食が行われているという状況にあります。

また、パンにつきましては、昭和29年の学校給食当時、パンを主食としておったわけでございますけれども、昭和51年から米飯給食が導入されてきておりまして、文部科学省といたしましても米飯給食の普及に努めてきたところでございまして、平成14年5月現在では、週5日間のうち2・9回が米飯給食になっておるというような状況になっておるところでございます。

高井委員◆　今お聞きしましたとおり、当初は、食料の困窮から、アメリカからの脱脂粉乳等の援助を受けて戦後の学校給食は始まったという回答でございました。

私が聞いておりますところでは、昭和21年から始まって、29年の学校給食法が制定されたときに、ちょうどアメリカでは余剰農産物処理法という法案が通ったというふうに聞いています。アメリカでは当時小麦が大豊作で、小麦を余剰農産物として外国で処理したい、そういう法案が通ったというふうに聞いていまして、外国の市場を探しているときに日本もちょうどタイミングがぴったりと合ったと。当時、本当に貧しかったと思います。それで、その余剰処理法の法案を受け入れて、農産物を外国から受け入れて給食を推進したという経過があるだろうというふうに思っています。

というのは、NHKの番組で、「食卓のかげの星条旗～米と麦の戦後史～」というようなドキュメンタリーがございました。つまり、昭和29年の余剰農産物処理法が通った後に、アメリカは日本にやってきて、私が調べたところだと、当時何か全国2万ヶ所にキッチンカーがアメリカから回ってきて小麦を使った食事の展開を勧めた、パンはおいしい、パンを食べると高血圧が防げる、ジャムやマーガリンは使ってもパン自体は体にいいんだというキャンペーンを張ったというようなことがそのドキュメンタリーの中には入っておりました。

もちろん、それは完全に否定するところではないと思いますけれども、ただ、学校給食でパンを進めた背景には、やはりアメリカの大きな戦略があったというふうに考えています。つまり、小麦を食べる、パンを幼少のころから食べ始めると一生食べてくれる、アメリカにも親しみを持ってくれるし、パンの味になれてくれて、きっとずっとパンを食べ続けてくれるだろうというような大きな戦略があったのではないかと思います。

結果としてかどうかはわかりませんが、現実的に日本の主食はどんどん減っている、米の消費量がこの間格段に減り、脂質をとっている量の増加、畜産物、肉を食べている量の増加、現実的に昭和の半ば頃よりもずっと今のほうが増えているというデータが農水省から上がっています。

だから、一概に、今申し上げたことは単なる懸念では無かったというふうに考えていますが、どうお思いになられるでしょうか。

田中政府参考人❖　委員の御指摘につきましては、私ども、つまびらかにしておらないところでございますけれども、私どもといたしましては、戦後の大変食料事情の厳しい中で学校給食がスタートして、そういう中では学校給食が子どもの健康や体力向上のために一定の役割を果たしてきたというふうに考えておりますし、今日またこういう食生活の乱れといった中で、子どもたちに学校給食を出すことは、子どもが、自分のバランスのとれた食事をどうするのか、あるいは安全な食品を選ぶというのはどういうことなのか、そういうことをまさに生きた教材として学べる場になっているというふうに考えておるところでございます。

高井委員◆ 私も、その当時の導入の経過というのは否定するものではない、学校給食によって我々は助かった部分もたくさんありますし、決してそれが間違っていたというふうに全部を言っているわけではないんですが、やはり伝統食を本当にもっと早くから、日本の国策としても子どもの健康のためにも、早く取り入れるべきだったというふうに考えております。

その意味で言えば、農水省が、米飯給食を始めた学校に対してたしか支援を、補助金をかつてつけていたというふうに聞いています。米の消費拡大をするという運動を文科省より農水省が取り組んでおられたと。私が残念に思うのは、今回の法案でもそうですが、文科省が子どもの健康のためにというよりも、農水省が自給率アップのためにというような目的のほうがすごく強く出て、こうした伝統食に変えようとか、食育は大事だというような思いが出てきたのではないかというふうに思っているんです。

ぜひとも、文科省としても、できればもっと主体的に学校給食のほうに取り組んでいただきたいと思っていますし、政府が、米の消費拡大運動を進めながら、１９９９年ですか、補助金を何かもうやめた、今現在は給食の現場への補助金は打ち切っているというふうなことを聞いておりますが、これはどうしてでしょうか。

河村国務大臣＊ まさにそのとおりでして、私も当時、文教関係の政策を進める議員として非常に残念に思いました。かなりやりとりしたんです。

農水省はまことに矛盾しておりまして、米の消費拡大というなら、小さい時から米を食べさせるというので、せっかく200億余りの補助金を持っていながら、財政上非常に困ったということで切ったんですね。そんなことをすると、今度は米よりもパンのほうが安ければ地方自治体はそれはそっちへ行きますよということを随分言ったのでありますが、結果的にそうなりました。これについては、さらに米飯をやる市町村に対しては交付税等の措置で対応するということではありました。

しかし、毎年、米飯給食の回数は、少しずつでありますが、増えつつありますので、今2・9回ですか、これをぜひ3回以上にして、米を中心とした学校給食にする。そして、もちろん食料自給率も上げるということが必要だろうと思います。

今回の食育基本法についても、ややもするとそっちのほうから来ているきらいがありますね。私は、それはそれでも、食育を重視するという観点からいいんですけれども、農林関係議員から言わせると、食育は栄養教育だ、こう盛んに言っています。

しかし、それだけではなくて、食育は全体で考える課題ですから、今後、食育基本法の法案についてもそういうかたちでまとめ上げ、大体できているそうでありますが、我々の趣旨としては、やはり食育ということを重視しながら、その中で地産地消も含めて考えていく、こういうことで臨みたいと思っております。

高井委員◆　思いが一緒で安心をいたしました。ただ、農水省が米の消費拡大運動のためにテレビ広告を、私も拝見したことがあるんですが、たしか46億円か何かかけて打ったというふうに、2年ぐらい前ですか、ちょっとお聞きしまして、それだけのお金があるのであれば学校給食に補助金を出すことを検討していただきたいなというのが本当に率直な感想だったんです。

だからこそまた、文部大臣のほうからも、本当に米の消費拡大が、自給率アップが必要であるならば、学校給食を真剣に考えてほしいという働きかけをぜひ農水省のほうにもしていただきたいというふうに思いますが、お願いできますでしょうか。

河村国務大臣＊ この主張は、文部科学省としてはこれからも続けていかなければなりませんし、もっと進めるならば、ただ、全体から見ると、学校給食は７００万、８００万トンの中の10万トンぐらいでありますから。しかし、将来を考えたときに効果がありますから、これは絶えず文部科学省としては農林省に対して、補助金をもとへ戻す用意はないかということは言い続ける必要があろう、そう思います。

高井委員✦ ありがとうございます。まさに今おっしゃった、将来を考えたという点で、人間の味覚形成がされるのは胎児期から小学校期までというふうに言われておりまして、その時期にやはりお米を食べる、お米がおいしい、お味噌汁がおいしいという伝統の味を覚えた子どもというのは、必ず将来もずっと食べ続ける。もちろん、途中でいろいろな味を覚えるだろうと思いますけれども、現実的には、多分そのときの味覚形成によって米の消費が促されるというのは間違いないと思います。

先日、参考人の先生も、予防医療のためにも、成人病予防のためにも医療費拡大防止のためにも伝統食が体にいい、幼少のころから大事な味を覚えさせてほしいというような意見があったと思いますが、まさに私もその通りだというふうに考えておりまして、ぜひとも御支援のほうをお願いしたいというふうに思っています。

話はちょっと変わりますが、おとといの新聞によりますと、21日に閣僚の皆様が学校給食を食べられたというのが載っておりましたけれども、感想はいかがでしょうか。残さずに皆さん食べられたでしょうか。

河村国務大臣＊ これは私のほうが提唱いたしましたが、川口外務大臣も、学校給食もいいわねということをつぶやかれまして、私もそうだと思って取り上げました。近くの麹町小学校の学校給食を持ってきていただいたのでありますが、大変好評でありまして、小泉総理も、こういう食事をふだんからとっていれば病気になることはないのじゃないか、こう言っておられました。

値段も、今学校給食は平均230円だそうですが、あの日の給食はたしか270円ぐらいだったそうです。ただ、あれは我々閣僚が食べるからといって特別つくったものではなくて、その日に麹町小学校で子どもたちが食べるものを一緒に食べたわけです。たまたまその日は麦も入っておりまして、麦御飯だったんです。ただ、ちょっと麦の量が少ないじゃないかという意見がございましたが、根菜類が入っておったりとか、バランスがとれておりましたし、大変好評であったわけであります。

今、飽食の時代と言われる、またカロリーオーバーと言われる時代、肥満の問題等も出ておりますので、学校給食の中で、家でもそういうバランスのとれた食事をすることの大事さをしっかり学んでもらう。1回だけの学校給食でありましたけれども、大変意義があったように思っております。

高井委員◆　メニューは和食だったんでしょうか、洋食だったんでしょうか。そう申し上げるのも、米飯給食を私がなるべく勧めたいと思うのは、やはり和食の御飯にすると、カロリーベースでいくと自給率がぐっと上がる。それに比べて、御飯、お味噌汁、お浸し、魚というふうなので考えれば、1食の中の自給率を考えれば79％、これは農水省のパンフレットに書いているデータなんですけれども、出ています。片や洋食、パン、オムレツ、サラダ、紅茶にすると、カロリーはふえるんですが、その中での食料自給率はたった23％、そういうふうなデータになっておりまして、できるだけ伝統の、伝統というか和食を中心に学校給食に取り入れたい、健康のためにもいいしという思いがありますが、この間閣僚の皆様が召し上がったのは和食が中心だったんでしょうか。

河村国務大臣＊　ここへ書類を持っていないので明確ではありませんが、たしか660カロリーぐらいだったと思います。そして、御飯で、少しその日は麦が入っておりましたから麦御飯ですけれども、麦御飯という割にはちょっと白かったように思いますが、麦が入っておりました。いつもこれを食べるのかということでしたが、そうではなくて、週に1回とか2週間に1回は麦が入ってくるんだという。だから、ベースは和食でした、たしか豚肉も入っておったと思いますけれども。それで、ゴボウとかそういう根菜類も入っておりまして、そういうことで和食ベースでありました。

高井委員◆　私が学校給食で今心配しているのは、和食か洋食かわからないメニューがよく出されているというふうに思います。ちょっと一例を挙げてみますと、ある日はチリバーガー、コーンシチュー、果物、ミルク、ある日はサンマのかば焼き丼、煮浸し、豚汁、ある日はジャージャー麺、パンケーキ、果物、ある日はピーナッツ揚げパン、マーボー豆腐、茎ワカメ。何か実際にこういう給食がとられているところがありまして、今聞かれただけでも、どこの国の給食かわからない、これは洋食だ、これは和食だ、これは中華だというふうな区分ができないぐらいメニューも混在していると思います。

逆に、我々大人の感覚で考えると、こういうセットでは食べないだろうなというような献立が時々あるような気がいたしまして、いみじくも大臣が最初おっしゃったバラエティーに富んだ給食というのは決して、無国籍というか全部ごちゃまぜの給食であってはいけないというふうに思います。和食の日はちゃんと和食の日ということで、本当はそういう組み合わせのお献立も考えながら給食のメニューを組んでいただきたいなというふうに思っています。

現実的に、この間召し上がったお食事のメニューは多分それなりによかったんだろうと思いますけれども、しばらく、たとえばこういう学校のを1週間ぐらい食べ続けたらどういうふうに思われるのかなと。大人の感覚で言えば、御飯とミルクと、一緒に飲まれる方もこの中にもおいでになるかもしれませんが、私はどうも合わなくて嫌なんです。だから、最後まで全部残さず召し上がりましたかというようなことをお聞きしたんです。

実は、なぜそういう献立になっているかというものの背景には、やはり栄養所要量という基準にとらわれ過ぎて、献立のバランスというよりも、むしろ、この栄養素を何カロリー満たさなきゃいけないというような、やはり栄養士さんの思いもすごくあって、こういうふうな不思議な献立になっているのではないかと思います。この栄養所要量に関して、多分、規定があるのではないかと思いますが、文科省のほうから少し教えていただけますでしょうか。

田中政府参考人❖　学校給食におきます栄養所要量の基準でございますけれども、これは昭和29年に学校給食法ができましたときに、当時文部省におきまして、厚生省が定めておりました1日当たりの栄養所要量の基準、厚生省のこの基準は食事摂取基準と呼ばれておるそうでございますけれども、この厚生省が策定しております1日当たりの栄養所要量の基準をもとにいたしまして、学校給食1食当たりの栄養所要量の基準を作っておるところでございます。

ただ、この基準につきましては、児童生徒1人1回当たりの全国的な平均値を示したものであって、その適用に当たりましては、個々の児童生徒の健康及び生活活動等の実態、あるいは地域や学校の実情に十分配慮して弾力的に運用してほしいというようなこともあわせて示しておるところでございます。

また、これまでは、この基準の中に学校給食の標準食品構成表というものを示しておったわけでございます。1回当たり米が何グラムでイースト菌が何グラムで食塩が何グラムというようような書き方をしておりまして、委員御指摘になられましたのは、多分この1回当たりの食品構成表、これを余りに、1回1回それに全部当てはまらなければならないんだというふうに受けとめられますと、委員がおっしゃられたような、御飯とパンが一緒にあるというようなメニューになったりしかねないわけでございまして、この栄養所要量の基準に関しましては、去年の5月に改定をしたところでございますけれども、その改定に当たりまして、これまで示しておりました標準食品構成表につきましては、これはもう削除させていただいたということにしておるところでございます。

委員御指摘のように、学校給食の献立は多様な食品を組み合わせながらも、地域の伝統食なのか、あるいは外国の、きょうはタイのメニューを作ってみましょうとか、そういうことで工夫していただくことが大切だと考えておるところでございます。

高井委員◆ ありがとうございました。実は、私の知人の栄養士さんが、この栄養所要量の件、栄養摂取量と言うんですか、基準表、これについて少し文科省のほうにお問い合わせしたときに、たしかそういう御回答だったと。

学校給食に牛乳を出してても出さなくてもよい、必ず出せというような指導ではないというふうに、絶対出さなければいけない食品は特に決まっていないというか縛りはないというふうなお答えで、完全給食と副食給食、ミルク給食という給食の区分はあくまでも区分を示したもので、内容を厳しく決めるものではないんだ、学校給食の栄養所要量については1ヶ月、1年、あるいはまたトータルでその所要量を満たしていればいい、食品構成上の規則はない、そういうふうな御回答だったと聞いていまして、この認識で間違いないですね。

田中政府参考人❖　委員御指摘の通りでございます。

それから、牛乳につきましては、やはり今の子どもたちがカルシウム不足であるということがございまして、私どもとしましては、できるだけ牛乳を取り入れていただけるように御指導を申し上げておるところでございます。

高井委員✦　ありがとうございます。今の回答からすると、カルシウムを、もし牛乳じゃなくて充当できるのであれば、それでもいいということだろうというふうに思います。

せっかくいい給食を作るのに、現場の栄養士さんに任せて、地産地消で地元でとれるものを地元に入れるとか、今どんどん現場ではそういう動きが進んでおりますので、やはり余り基準に縛られていると栄養士さんのほうもなかなか献立が立てづらいんじゃないかという思いで御質問をさせていただいたんですが、厳しい規則ではないということで、大変私も安心をいたしました。

次に、食材の件について少し伺いたいんですけれども、学校給食で使われているパンは、日本は小麦の自給率が少々低いので、やはり輸入小麦が中心になっているだろうと思います。

食の安全性ということが最近言われていますけれども、輸入小麦について、ポストハーベストの問題とか、いろいろそういう検査とかはきちんとなさっていたりするんでしょうか。あえて言えば、もし全部国内産のものにすれば、こういう心配もできるだけ減っていくのであろうし、そういう意味で、米飯給食を進めて欲しいなという思いもあるんです。

パンになると、食品添加物のショートニング、乳化剤、保存料などいろんな添加物も入っているだろうと思います。私もケーキを作るのが好きだったので、よくそういうのを確認したりするんですけれども、そういう食品添加物等の確認においても、ある種の基準があったり、いろいろ調べておられたりするのでしょうか。


田中政府参考人❖　まず、学校給食用パンでございますけれども、学校給食用のパンの原材料である小麦粉につきましては、主としてアメリカやカナダ産の小麦粉が使用されておるというふうに認識しております。この小麦につきましては、すべて食糧庁が輸入しておるものを使っておって、食糧庁においては、輸入に当たり、食品衛生法等に基づき必要な検査を行っているところでありまして、安全性の確保がなされているものと承知しておるところでございます。

また、国内産の小麦につきましては、外国産に比べましてグルテンの量が少なく粘りがないために、パンの適性が劣るというような問題があるそうでございますけれども、近年では、学校給食用の食材に地産地消を図るという観点から、地場産の小麦を活用した学校給食パンを供給している県もあると承知しておりますし、また、米粉パン、これを導入しておる県もあるというふうに聞いておるところでございます。

また、食品の選定あるいは納入と申しましょうか、そういう点に当たりましては、各学校におきましても、食品衛生法等にのっとり、安全なものの確保に努めておるところでございます。

高井委員◆ ありがとうございます。安全にいろいろやはり気を使ってやっていただけているのはとてもありがたいと思います。

米粉パンの件が出ました。米を原料にしたパンを今作っておられるという話を私もいろんなところでお聞きしているんです。もちろんそれ自体はいいと思うんですが、私が問題だと思うのは、パンと一緒に食べるおかずというものが、どうしてもやはりパンである以上油物が中心になってしまうのではないか。パンに味噌汁とかパンに煮物というのは、多分余り食べられないだろうなと思います。まあ食べる方もおいでになるかもしれませんが。

私は、やはり田舎の徳島県の５０００人ぐらいの町で生まれたもので、老人が多い家だったこともあり、朝晩、大体は本当に和食が中心でした。ベーコンとか油っこいものの味を覚え、初めて食べたのは実は学校給食だったんです。甘い物も余り家では食べさせてくれなかったので、私の時代が時代だったのかもしれませんが、おやつといえば、お芋とか、お芋を切って干したものとか、ジャガイモや柿であったり、本当に庭になっている果物であったり、そういうものだったんです。

やはりパンには、どうしても油物が中心になってしまう。そうしたら、やはりカロリーを摂り過ぎてしまう。かつてはやはり栄養所要量が少なくて、子どもたちの健康状態を考えて、カロリーの高いものを、栄養価の高いものをという目的で取り入れた部分もあったかもしれませんが、今現状、データとして見てみると、子どもはむしろ成人病予備軍が多いということがある中で、やはりできるだけ本当にカロリーの低い、御飯に和食というほうが適切ではないかというふうに思っています。そういうことも考えていただければというふうに思うんですが、いかがでしょうか。

田中政府参考人❖　文部科学省におきましては、食に関する指導のために、小学生、中学生に対しまして、食生活学習教材というようなものを作成させていただきまして、全員に配っておるところでございますけれども、その中におきましても、「昔から食べてきた食品を大切にしましょう」、それから「お米は豊かな自然からつくり出される日本食の中心です」、そして、今委員からも御指摘がございましたように、「ごはん自身には、特別な味はありません。これが主食としてのごはんの特徴です。いろいろなおかずによくあうので、おいしく食べることができます。おかずだけでなく、ごはんをしっかり食べて、健康で元気な体をつくりましょう。」こういうような記述もあるところでございまして、私どもといたしましても、米飯給食の推進、それから地産地消、それからこういう和食の学校給食への積極的な導入といったことも推進しておるところでございます。

高井委員✦　ありがとうございます。実際に、幾つか完全に米飯給食を導入したところも全国にあるようでございまして、一つだけ御紹介したいと思います。

南国市の教育長さんが完全米飯給食にしたということで、実際に食育の面に一生懸命力を入れている方です。その方がおっしゃっておられるのは、やはり地元の野菜を使って、地元でとれたものを食べる。実際に、棚田に苗を植えて刈り取るという授業があるそうなんです。田植えと刈り取りという1日だけの作業なんですけれども、子どもたちは大変喜んで、自分が刈り取ったお米が本当に炊きたての御飯として食べられて非常に喜んでいる。親からも感謝されたというようなお話を聞いておりまして、食育、食の大切さ、感謝の心を覚えるには、やはり実際に作っている人を知って、作っている姿を思い浮かべることができて初めて感謝の気持ちがあらわれる。これは教育長のお言葉なんですけれども、本当に田植えと稲刈りというたった1日ごとの体験ですけれども、それから知る農の苦労、米一粒の重さというのは体験を通じてわかる、大変こういう重い御発言を聞いたことがありまして、これこそ食育だなというふうに思います。

また、文科省としても、いろんな全国で取り組まれている食育の事例をまた御検討して、本当に子どもたちが、食べ物を大事に、健康になるような食事を目指すという方針で頑張っていただきたいなと思います。

時間が大分無くなってまいりましたけれども、改めてもう1度だけ、米飯給食の良さとして私が思っていることを再度申し上げたいと思います。

まず、健康にいい、子どもたちの健康にいい。カロリーが低い。私も実は1年アメリカにいたことがあるんですが、アメリカのほうが日本より先に成人病のことや肥満のことがたくさん問題になっていました。私が1年いたのはシアトルだったんですが、ちょうどホームステイをしていたところのお母さんがエアロビクスの先生で、栄養に大変詳しい人だった。日本食はいいんだってね、体にいいんだってねと言って、味噌汁を作って欲しいとか御飯を食べてみたいというような要望があって、作ってあげて、そうしたら、和食に対していろんな意味で理解を示してくれて、結構ずっと食べ続けて、今も時々食べているというようなことをおっしゃっていました。かえって日本よりもアメリカのほうで和食に対する評価が高いというのも、とても不思議な感じがした経験がございます。

いろんなそういった意味で、成人病の予防や医療費の抑制のためにも伝統の食はいい。それから、やはり二番目として、味覚の形成期に伝統食をちゃんと食べさせることによって一生味を覚える。それがひいては、三番目に、食料自給率の向上に繋がり、地産地消を促すことになる、大変大きな効果があるというふうに思います。

そしてもう一つは、先ほど輸入小麦の問題でも申し上げましたけれども、いろんな意味で食の安全性、輸入品の農薬の問題等、最近では狂牛病のことが問題になっておりましたけれども、そういう面でも、できれば国内産のものが安全性からいうといい。

最後に、今まで申し上げていなかったんですが、もう一つ私が利点があると思うのは、環境に対する負担が軽いということではないかというふうに思っています。というのは、やはり油物にすると洗剤をたくさん使わないと落ちない。多分皆さん御経験があるだろうと思いますが、油物は本当に洗っても洗っても洗剤と石けんをたくさん使わないと落ちない。ただ、和食、味噌汁、ごはんだと本当に何もつけなくてもスポンジで洗えば簡単に落ちる。洗剤の使用量もここ20年間ぐらいでしたか、１００倍近い量でふえているという中で、環境の問題も大変社会に大きく影響を及ぼしているというふうに思います。

食生活の乱れというか、子どもの体の変化には、生活の背景、環境の問題等いろいろな複合の要因で影響が出ていると思いますので、環境の点からも、私はぜひ米飯給食の方向性で進めていただきたいなというふうに思います。

こんないいことばかりですので、ぜひとも農水省とタイアップしながら学校給食を変えていくように、前向きに取り組んでいただければありがたいなと思いますが、いかがでしょうか。

河村国務大臣＊　高井議員の今の御指摘、学校給食の中できちっとした日本の伝統食、和食、そういうものを位置づけながら、そして、フランスあたりでは味覚教育というのも入っているそうでありますが、そういうものをもっと重視していく。

そういう方向で、学校給食を食育という視点できちっと教育の中に位置づけながら、子どもたちの健康、そして、これは大人になってからの食習慣といいますか、生活習慣病、そういう観点からも、学校給食の効用性というのは非常に高いものでありますから、今回のこの学校栄養教諭制度導入に当たって、改めて学校給食の持つ意義というもの、そういうものを日本全国あまねく徹底いたしながら、そして日本の教育の中における食育というものの位置づけをきちっとしていきたい、このように考えております。

高井委員✦　ありがとうございました。私も先般、食育基本法の素案ができているのを、議員立法で自民党の先生方が作られているということをこの間教えていただいたんですけれども、この法案、目を通して、すばらしい、いい法案だなと私も思っています。

学校給食もこの方針に従って変えていって欲しいと思いますし、国の国策として本当に食育、子どもの健康を取り上げる法案ができた。もちろん、自給率のことが背景にはあるんでしょうけれども、大変私はうれしく思っていまして、いろいろな意味で協力をしていい法案にできるようにさらに、私のような微力ではございますけれども、一緒になって協力していきたいなというふうに思っていますので、今後ともまたよろしくお願いします。

本当にきょうはありがとうございました。

(注)学校給食に関係のある高井の発言部分はわかりやすくするため修正した部分があります。正式の議事録ではありませんのでご注意ください。(文責…衆議院議員・高井美穂)

入会方法

年会費は2000円です(機関紙代・送料含む)。
入会ご希望の方は郵便振替でお申し込みください。
郵便振替口座：00130-7-56907
口座名：学校給食と子どもの健康を考える会
会費をできる限り据え置くために会員証・領収証は発行しません。ご了承ください。
※事務手続き上、会費は1年分でお願い致します。

お問合せ先

〒185-0031
東京都国分寺市富士本1-28-58富士本ハイツ5-201
フーズ＆ヘルス研究所内　学校給食と子どもの健康を考える会
Tel & Fax:042-577-4130　E-mail:fandh-2@arion.ocn.ne.jp

各支部お問合せ先

□香川県
〒769-0303
仲多度郡仲南町七箇2590
Tel: 0877-77-2047（本田）
□徳島県
〒779-3601
美馬郡脇町拝原1975-3-201
Tel: 0883-53-2428（大西）
□滋賀県
〒520-3004
栗東市上砥山800-58
Tel: 077-558-0538（渡辺）
□兵庫県
〒651-2214
神戸市西区富士見が丘1-17-12
Tel: 078-998-4448（山本）
□愛知県
〒440-0858
豊橋市つつじが丘3-37-7
Tel: 0532-64-8029（後藤）
□埼玉県
〒331-0052
さいたま市西区三橋6-474-7
Tel: 048-625-7052（箕田）
□神奈川県
〒232-0027
横浜市南区新川町2-3-1-404
Tel: 045-251-8563（熊谷）
□群馬県
〒370-3513
群馬郡群馬町保渡田986
Tel: 027-373-0556（鈴木）
□新潟県
〒950-2076
新潟市上新栄町6-7-12
Tel: 025-269-0080（村松）

学校給食と子どもの健康を考える会
入会のご案内

当会は、「米飯給食の普及」と「完全米飯給食の実現」を目指し、機関紙「おむすび通信」の発行や講演会開催など様々な活動をボランティアで行っています。

あなたも「学校給食と子どもの健康を考える会」の会員になって、「おむすび通信」を購読してみませんか？

そして、私たちと一緒に学校給食や子どもの健康について、今一度、考えてみませんか？

入会特典

□『おむすび通信』をお届けします。

おむすび通信は、当会の活動状況や講演会のご案内をお知らせする当会が発行する学校給食&子どもの健康情報紙です。年6回(2月・4月・6月・8月・10月・12月)発行し、会員の方々にお届けしています。

□会員限定メーリングリストに登録できます。

当会では情報交換の場として会員限定のメーリングリストを運営しております。よりよい「学校給食」を目指して、皆様のご意見・ご感想・情報などのやりとりをしています。このメーリングリストは登録制となっておりますので、参加希望の方は下記までメールでお申込み下さい。

□食を考える講座参加費を割引します。

当会では食生活基礎講座と称した食生活をしっかり勉強したい方のための講座を全国で開催しています。この講座への参加費を会員に限り割引する場合があります。

✲幕内秀夫（まくうち ひでお）

1953年、茨城県生まれ。管理栄養士。フーズ＆ヘルス研究所主宰。

東京農業大学栄養学科卒。学校法人誠心学園入社（栄養学講師）。

長寿村の研究をきっかけに民間食養法の研究を始める。

現在　帯津三敬病院などにおいて食事指導を実践しているほか、

病気や健康に役立つ実践的な食養法の第一人者として、

新聞・雑誌などでも活躍する。

主な著書に、『粗食のすすめ』『粗食のすすめレシピ集』『子どもレシピ』など多数。

学校給食と子どもの健康を考える会代表。

✲鈴木公子（すずき きみこ）

新潟県生まれ。歯科医師。ひまわり歯科医院院長。

日本歯科大学新潟歯学部卒。

関歯科医院勤務を経て、新潟県西山町にひまわり歯科医院を設立（1986年）。

歯と食事のこと、噛むことの大切さを、診療や講演、料理講習会を通じて伝えている。

学校・保育所の歯科医も務める。

学校給食と子どもの健康を考える会・新潟支部所属。

✲清水 修（しみず おさむ）

1956年、埼玉県生まれ。管理栄養士。

早稲田大学教育学部卒。

電機メーカー、給食会社、専門商社での会社員生活の後、栄養士を目指す。

名古屋栄養専門学院卒。山下外科神経科、赤目養生所を経て、

現在、家業（製造業）を継ぎながら、赤坂溜池クリニックで食事相談を担当。

学校給食と子どもの健康を考える会事務局長。

給食のちから

完全米飯給食が子どもの健康を守る

2004年9月10日　第一刷発行
2009年12月1日　第三刷発行

著者　幕内秀夫　鈴木公子　清水 修

ブックデザイン　鈴木一誌＋武井貴行
表紙撮影　管 洋志
編集　畠山泰英
発行者　高橋 栄
発行所　株式会社風濤社
東京都文京区本郷2-3-3
電話(03) 3813-3421
印刷所　吉原印刷株式会社
製本所　株式会社越後堂製本

ISBN978-4-89219-256-2